最速で「できる1年目」になる

ビジネス英会話フレーズ

佐藤洋一 著

ナツメ社

来週からいよいよ憧れの外資系企業の
営業部で働くことになった。
もちろん、社内公用語は英語。
職場の上司は、中国系カナダ人の
Tracy Yen（トレイシー・イェン）さん、
そして僕を直接指導してくれるのは
バイリンガル日本人の田中和也さんなんだって。

山縣雅之

愛称マサ。外資系企業に転
職する日本人。転職前にビ
ジネス英語のトレーニング
を積む。横浜在住のZ世代。

Tracy Yen
（トレイシー・イェン）

中国系カナダ人。
マサ、カズの上司。
会社では英語オン
リーだが、日本語
も勉強中。

田中和也

愛称カズ。帰国子
女のバイリンガル
で TOEIC は 900
点台。マサの教育
係を務める。やや
おっちょこちょい。

ビジネス英語を学んだけど、やっぱり不安。
ちゃんと話せるかな？
ちゃんと聞き取れるかな？？
あのときの先生に、
もう一度ビジネス英語のコツを聞いてみよう。
そう、佐藤洋一先生に！

先生、こんにちは。

マサです。

実はいよいよ来週から外資系企業での
勤務がスタートするのですが…。

あの、ちょっと不安で…。

**ビジネス英語の極意を
もう一度教えてください！**

Hi, Masa!

How have you been recently?

久しぶりだね、元気だった？

転職おめでとう！

ビジネス英語の極意？

もちろん、Sure thing.

うん、研修で話した通りだよ。

佐藤洋一
ビジネス英語の達人。ビジネス英語の実態を
分析しながら、ビジネスパーソンに必要な英
語力を企業に提言している。マサの恩師。

1. ビジネスの場にふさわしい「大人の英語」を心がける

2. 主語は、代名詞の we 、無生物主語の it など、その場に応じたより適切なものを選ぶ

3. 助動詞や副詞を使って、会話の微妙なトーンやニュアンスを適宜調整する

ざっとこんなところかな。
ほら、スクールで特に重要なフレーズを
105個学んだよね。
あれをもう一度復習して。
きっと現場で役立つから！

あっ、あと英語は
リズムが大切だから。
リズミカルに
話すようにしようね。

よし、
わかった。
あとは実践
あるのみだ！

はじめに

　みなさん、こんにちは。私は「ビジネス英語が実際にどのように使われているのか」を研究している佐藤洋一と申します。以前は、企業トレーナーとして、ビジネスの現場で実際に英語を使ってコミュニケーションをしている方々への英語学習のコンサルティングに従事していました。現在は、大学の研究者という立場からビジネス英語の実態を分析しつつ、ビジネスパーソンに必要な英語力を育成するために必要な研修のあり方を企業に提言しています。

　さて、みなさんは「ビジネス英語」という言葉を聞くと、どのような印象を抱かれるでしょうか。多くの方は、「単語が難しそう」「専門用語が多そう」というような難解なイメージをもっていらっしゃることでしょう。英語は学校で学んできましたが、「ビジネス」と付くだけでハードルがグンと上がってしまうのは、なぜでしょう？
「学校の英語」と「ビジネス英語」の大きな違いは、その言葉が使われるコンテクストにあります。
　学校英語では、「文法的に正しく話そう」「ちゃんと発音をしよう」といったことに意識が向き、それらをマスターすることが最優先になります。これに対しビジネス英語は、ある程度発音が不安定でも、多少文法的に間違っていても、仕事が完遂されれば、それは成功ということになります。
　言葉というのは、何かの目的の達成のために、必要に応じ

て使われますが、ビジネス英語の場合、言葉の話されるスピードが速かったり、込み入った内容だったりするため、どうしてもパニックになってしまいます。そして、落ち着いて聞けばわかるようなことやリラックスしていれば話せることも、できなくなってしまうということがよくあるのです。

　そこで本書の Chapter 1 では、最初の一歩がすっと入りやすいように、「学校で習った英語」と対比させながら、ビジネスの現場で使えるフレーズを紹介していきます。そして「あぁ、今まで習ってきたことも、ちょっとしたアレンジを加えることで使えるのだな」と実感していただき、その後、本格的なビジネス英語のフレーズが登場する Chapter 2 〜 5 へ進んでいただきます。

　本書ではビジネスというコンテクストが与えられていますので、1 冊を通し、実際に起こり得る状況を想定し、そこで使われる英語表現を取り上げ、考え方のポイントを解説していきます。日本語訳も一語一語正確に訳していく学校英語とは異なり、臨場感ある表現にしてみました。

　さあ、本書の主人公のマサと一緒に、ビジネス英語をめぐる冒険に出発しましょう。

佐藤洋一

目次 **CONTENTS**

Chapter 2 部内や社内での仕事と会話 — 68

11

Chapter **3** 社内会議、プレゼン ——————— 120

付録 **英文メール** ————— 235

主な登場人物

山縣雅之
愛称マサ。外資系企業に転職した日本人。

田中和也
愛称カズ。マサの教育係。バイリンガル。

Tracy Yen
（トレイシー・イェン）
中国系カナダ人。マサ、カズの上司。

本書の使い方

本書では、95のビジネスシーンを設定し、対話形式でキーフレーズを紹介しています。さらに、ビジネスでは欠かせないメール文を10パターン取り上げました。会話はパソコンやスマートフォン、タブレットから音声が聞けるので、生きた英語が学べます。

*本書の訳は、ビジネス英語という性質上ニュアンスを重視しており、文法的な訳とは異なる場合があります。

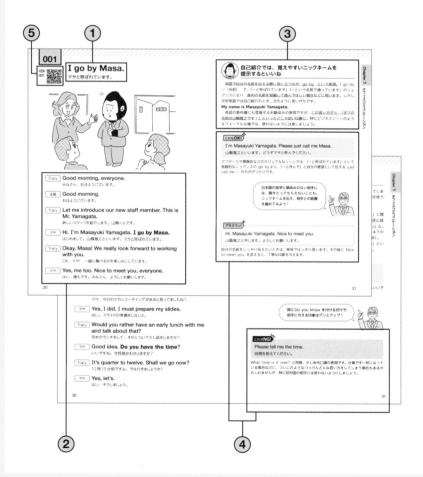

① キーフレーズ

ビジネスの場で使用頻度が高いフレーズを取り上げています。

② ダイアログ

キーフレーズを対話の中で再現しました。ビジネスの場でよくみられるシーンを設定しているので、すぐに役立ちます。

③ 解説

キーフレーズの解説です。使い方のコツはもちろん、海外のビジネスマナーに触れることで、キーフレーズの重要性がより明確になります。また Chapter 1 では、中学英語と比較することで、キーフレーズに対する理解が深まります。

④「これもOK!」「プラスワン!」「これはNG!」

「これも OK!」と「プラスワン!」はキーフレーズの別の言い方を、「これは NG!」は口にしがちだけど不適切な言い方を紹介しています。

⑤ 音声

各会話の英語の音声が収録されています。QR コードを読み取ることで音声をダウンロードして再生することができます。

※機種によって読み取りアプリや再生機能、操作が異なり、音声がすぐに再生されない場合や、ダウンロード・保存される場合もあります。詳しくはスマートフォン各機種の取り扱い説明書をご確認ください。
※スマートフォンでのみ動作を確認しております。フィーチャーフォンなどではお聞きになれない場合があります。

ナツメ社ウェブサイト書籍紹介ページのダウンロードボタンから Chapter ごとの zip フォルダのダウンロードも可能です。
https://www.natsume.co.jp/books/18131

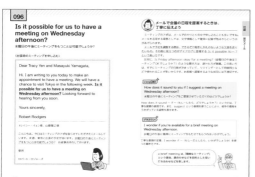

すぐに役立つ！
ビジネスメール

メールのやり取りは、ビジネスの場では欠かせません。ここでは 10 個のキーフレーズを、それぞれのメール文の中で紹介しています。そのまま使えるものばかりなので、すぐに役立ちます。

Chapter 1

オフィス
コミュニケーション

いよいよ今日から出社、
ドキドキするなぁ。

Take it easy, Masa!
社内ではシンプルな会話が多いから、
大丈夫ですよ。だけど、中学英語は
むやみに使わないように気をつけて。

I go by Masa.

マサと呼ばれています。

Tracy **Good morning, everyone.**

みなさん、おはようございます。

全員 **Good morning.**

おはようございます。

Tracy **Let me introduce our new staff member. This is Mr. Yamagata.**

新しいスタッフを紹介します。山縣くんです。

マサ **Hi. I'm Masayuki Yamagata. I go by Masa.**

はじめまして。山縣雅之といいます。マサと呼ばれています。

Tracy **Okay, Masa! We really look forward to working with you.**

OK、マサ！ 一緒に働けるのを楽しみにしています。

マサ **Yes, me too. Nice to meet you, everyone.**

はい、僕もです。みなさん、よろしくお願いします。

自己紹介では、覚えやすいニックネームを提示するといいね

　英語で自分の名前を伝える際に役に立つのが、go by　という表現。I go by 〜（名前）．で、「〜と呼ばれています」「〜という名前で通っています」のニュアンスになり、長めの名前を短縮して読んでほしい場合などに用います。しかし、中学英語では自己紹介のとき、次のように言いがちです。

My name is Masayuki Yamagata.

　英語の教科書にも登場するお馴染みの表現ですが、この言い方だと、「ボクの名前は山縣雅之です！」といったどこか幼い印象に。特にビジネスシーンのようなフォーマルな場では、使わないように注意しましょう。

これも**OK!**

I'm Masayuki Yamagata. Please just call me Masa.

山縣雅之といいます。どうぞマサと呼んでください。

アフター5や懇親会などのカジュアルなシーンでは、「〜と呼ばれています」という客観的なニュアンスの go byより、「〜と呼んで」と自分の要望として伝える just call me 〜 の方がぴったりです。

> 日本語の苗字に馴染みのない相手には、聞きとってもらえないことも。ニックネームを伝え、相手との距離を縮めてみよう！

プラスワン!

Hi. Masayuki Yamagata. Nice to meet you.

山縣雅之と申します。よろしくお願いします。

自分の名前をしっかり伝えたいときは、単体ではっきり言います。その後に Nice to meet you. を添えると、丁寧な印象を与えます。

002

I'm based in Yokohama.

横浜に住んでいます。／拠点があります。

カズ	Masa, you look exhausted today. What's wrong?

マサ、今日はずいぶん疲れているようだね。何かあった？

マサ	Oh, no problem. I was just stuck in a busy train this morning.

えぇ、大丈夫です。ただ、今朝、満員電車にはまってしまいまして…。

カズ	Oh, sorry to hear that. So, Masa, where are you based?

あぁ、それは大変だったね。そういえば、マサ、君はどこに住んでいるの？

マサ	**I'm based in Yokohama.** And, it takes me about 30 minutes to get here.

横浜に住んでいます。／拠点があります。ここまで30分くらいかかります。

カズ	Oh, that's not bad.

じゃあ、そんなに悪くはないね。

生活や仕事の拠点はさりげなく伝えよう

　自分の拠点について話すとき、「〜に拠点がある／〜にベースがある」という、based in 〜 という表現を使うと効果的です。この表現はビジネスのシーンでも頻繁に用いられ、「住まい・生活基盤」や「仕事の拠点」を表します。住まいを表す言い方は、中学英語では次のように習いました。

I live in Yokohama.

　実はこの言い方、「横浜に住んでいます」→「家に遊びにきませんか」と、相手を誘っているようなニュアンスに捉えられる可能性があります。疑問形も同じです。 Where do you live?（どこに住んでいますか？）は、「どこに住んでますか」→「あなたの家に行ってもいいですか？」といったニュアンスになり、初対面のシーンで用いると、違和感を与えてしまいます。疑問形の場合も、Where are you based? が◎。もちろん、気のおけない相手であれば、I live in Yokohama. / Where do you live? でも問題ありません。

> プラスワン!⁺

We work in Yokohama.
横浜で仕事をしています。

どこで仕事をしているのかということをはっきり伝えたい場合は、work in 〜という表現を使います。日本語の感覚で、We go to Yokohama to work.（横浜に行って仕事をしている）などと言ってしまうと、やや回りくどい印象を与えることも。

> プラスワン!⁺

Our head office is located in Helsinki.
本社はヘルシンキにあります。

本社や営業所などの具体的な所在地を伝える場合は、located in 〜 という表現を使うと効果的です。

> located は、カタカナ語の「ロケーション（location）」を思い浮かべると、頭に残りやすいですね。

Come again, please?

もう一度お願いします。

カズ **Masa, this workshop sounds quite interesting. I think I'll take part in it.**

マサ、このワークショップは面白そうだね。参加しようかな。

マサ **Oh, really? What's the topic?**

えっ、そうなんですか? 話題はなんですか?

カズ **Well, it'll be all about logical speaking strategies for business.**

えっと、ビジネスでの論理的な話し方について、だね。

マサ **Sorry, come again, please?**

すみません、もう一度お願いします。

カズ **Logical speaking, like effective presentation methods.**

論理的な話し方、たとえば効果的なプレゼンの方法とかの。

よく使う「正しい聞き返し方」は、バリエーションを用意しておくといいね!

　外国語でのコミュニケーションにおいては、相手の言っていることが聞き取れないというのは日常茶飯事です。そんなときの強い味方が、come again, please? というフレーズです 。しかし、英会話の教科書には、次のような言い方が定番フレーズとして登場しています。

I beg your pardon.

　聞き返すときに、ついこのように言ってしまっている人も多いことでしょう。この表現は直訳すると「あなたの許しを請いたい」という意味で問題なさそうですが、言い方によっては相手を挑発している、あるいはケンカを売っているといった印象を与えてしまうこともあります。I beg your pardon? を短くしたPardon? も同じです。ビジネスの場で聞き返すときは、相手に不快感を与えない come again, please? を使うようにしましょう。

Sorry?
すみません、もう一度。

もう一度言ってほしいという場合に使いやすいのがこの表現。語尾を上げ気味で、「ソーリー↗」のように発音することがポイントです。また、この表現の変化形として、Sorry, what's that? (すみません、なんとおっしゃいましたか) という言い方もあります。バリエーションの一つとして覚えておきましょう。

プラスワン!

Could you say that again for me?
もう一度言ってくださいませんか。

一度言ったことをもう一度繰り返さなければならないというのは、少なからずストレスを感じるもの。もう一度言ってほしいことを伝えるときのために、より丁寧さを感じられるこの表現も覚えておくといいでしょう。

> 過去形の could を用いることも、丁寧な印象につながります。日本語で「〜でよいですか?」を、「〜でよかったですか?」と過去形でやんわり聞くことがありますが、それと同じようなニュアンスです。

Could you speak a bit more slowly please?

もう少しゆっくり話していただけますか?

カズ **What do you think about today's discussion about sustainable development goals, or SDGs?**

今日の持続可能な開発目標、つまりSDGsのディスカッションについて君はどう思う?

マサ **Well, could you speak a bit more slowly please?**

すみません、もう少しゆっくり話していただけますか?

カズ **Sustainable Development Goals. You know, the SDGs.**

持続可能な開発目標。SDGsというやつ。

マサ **Oh, the SDGs. I see. Yes, they were very important.**

ああ、SDGsのことですね。なるほど、はい、とても重要な点でしたね。

「ゆっくり話してほしい」という要望は、率直に伝えよう!

外国語でのコミュニケーションでは、相手の話す速度に圧倒させられることもしばしばあります。相手がネイティブともなれば、一回に話す量が多いことに加え、話すスピードも速く、途方に暮れてしまうこともあるでしょう。中学校英語を使って、ゆっくり話してほしいことを伝えようとすると、次のような言い方になりがちです。

You speak too fast. I don't understand.

話し手が伝えたいのは、「あなたがとても速く話すので、理解できない」だから、「もう少しゆっくり話してほしい」です。しかし、相手はこのような話し手の意図を察してくれるとは限りません。どちらかというと、期待できないかもしれません。よって英語で要望を伝えるときは、「あなたがとても速く話すので、理解できない」という状況ではなく、「もう少しゆっくり話してほしい」という要望をストレートに伝えることが重要になります。

これもOK!

Could you possibly slow down a bit?

少し話すペースを落としてくださいませんか。

動詞としての slow down は、「(話したり、歩いたりする) ペースを落とす」という意味で使われます。 a bit = 「少し」という言葉を一緒に使うと、より丁寧な響きに。

> possibly = 「可能であれば」という副詞を付けることで、さらに気遣いが感じられるニュアンスに。

これはNG!

Please speak slowly.

ゆっくり話してください。

「ゆっくり話してほしい」という要望をストレートに伝えるのがよいとはいえ、このような言い方をしてしまうと、やや不躾に聞こえてしまうこともあります。相手にとって自然な話し方をこちらの都合で変えてほしいというお願いをするのは、多かれ少なかれ相手にストレスをかけます。相手が感じる負担を少しでも軽くするためにも、ダイアログのような言い方でお願いしましょう。

What do you mean by that?

それはどういう意味ですか？

Tracy **We must think more carefully about the SDGs in our next group meeting.**

次回のグループミーティングでは、SDGsについてもっと慎重に考えなければなりませんね。

マサ **Sorry, could you say that again?**

すみません、もう一度言っていただけますか？

Tracy **About the SDGs. We must think about them more carefully.**

SDGsについてです。もっと慎重に考えないといけません。

マサ **Well, what do you mean by that?**

えっと、それはどういう意味ですか？

Tracy **I mean, the issues connected to the SDGs require more discussion.**

つまり、SDGsの件は、多くの議論が必要であるという意味です。

「わからない」ときは、具体的に聞くようにしよう

　英語のネイティブと話す際に問題になるのは、話すスピードだけではありません。相手の言ったことが聞き取れたとしても、その真意を測りかねるという場面に出くわすこともよくあります。そんなとき、中学校英語を使うと、単に「わからない」という、次のような言い方をしがちです。

Sorry, I don't know.

　これは、日本人的なマインドセットでは相手が真意を説明してくれることを期待している発言ですね。しかしこの言い方は、「単語が聞き取れない」「意味を測りかねる」「どういうふうに自分の意見を言えばいいかわからない」など、複数のニュアンスを含む表現のため、話し手の明確な意図は伝わりません。言葉は聞き取れているけど「相手の真意を知りたい」というダイアログ後半のような状況では、What do you mean by that? という表現を使うのが得策です。

 これはNG!

I can't understand that.
理解できません。

「相手の言っていることの真意を理解できない」という意味ではなく、自分にとって理解できない＝腑に落ちない、というようなニュアンスを示す表現です。言い方によっては、相手の意見を攻撃しているように聞こえてしまうので、真意を尋ねる表現としてはNG。

プラスワン!

What does that mean to us?
そのことは、私たちにとってどういう意味があるのですか。

ダイアログの What do you mean by that? とほぼ同じ意味ですが、主語がthat になることで、客観的な意見を求めているような印象になります。

> to us（私たちにとって）など、「誰にとって」なのかを具体的に示すことで、より大人の英会話表現に近づきます。

Do you have the time?

今何時かわかりますか？

| Tracy | **Masa, did you say you would have a meeting this evening?**
マサ、今日の夕方にミーティングがあると言ってましたね？ |

| マサ | **Yes, I did. I must prepare my slides.**
はい。スライドの準備をしないと。 |

| Tracy | **Would you rather have an early lunch with me and talk about that?**
早めのランチをして、それについて少し話をしますか？ |

| マサ | **Good idea. Do you have the time?**
いいですね。今何時かわかりますか？ |

| Tracy | **It's quarter to twelve. Shall we go now?**
12時15分前ですよ。では行きましょうか？ |

| マサ | **Yes, let's.**
はい、そうしましょう。 |

お馴染みの時間の聞き方は 失礼に聞こえてしまうこともある!

知っている表現を使ってネイティブに話しかけたら、訝し気な顔をされてしまったという経験はありませんか。たとえば、時間を聞くとき、中学校英語を使うとこう言いがちです。

What time is it now?

時間を尋ねるときの表現としてお馴染みですね(「掘った芋いじったな」と聞こえるということでも有名)。しかし、このように尋ねると、おそらく相手に怪訝な顔をされてしまいます。なぜならこの言い方は、「時間を教えなさい」と、少し上司風を吹かせたようなニュアンスに聞こえる場合があるからです(＊下の「これも OK ！」で、What time is it now? の上手な使い方を紹介します)。

ビジネスのシーンなどで時間を尋ねる際は、「今の時間がわかりますか」という丁寧な言い方の Do you have the time? という表現がおすすめです。

Excuse me, do you know what time it is now?

すみません、今何時かわかりますか。

相手が時計を持ち合わせていない場合も想定し、このような聞き方をしてもいいでしょう。聞かれた相手は、余計なストレスを感じずに済みます。

頭に Do you know を付けるだけで、
相手に与える印象はグンとアップ！

これはNG!

Please tell me the time.

時間を教えてください。

What time is it now? と同様、少し命令口調の表現です。仕事で手一杯になっている場合などに、ついこのようなつっけんどんな言い方をしてしまう場合もあるかもしれませんが、特に初対面の相手には使わないようにしましょう。

007

How about a lunch meeting?

ランチミーティングをするのはどうですか？

マサ **Excuse me, are you available now?**
すみません、今ご都合よろしいでしょうか？

カズ **Well, actually now is not good timing. Is it urgent?**
えっと、実は今すぐというのは都合が悪いのだけど。急ぎかな？

マサ **OK, then. How about a lunch meeting?**
いえ、大丈夫ですが。ランチミーティングをするのはどうですか？

カズ **OK, no problem. Let me know when you're ready to go.**
いいよ、問題ないよ。準備ができたら教えて。

マサ **I got it.**
わかりました。

相手を誘うときの上手な言い方は？

誰かに何かを一緒にしようと誘うとき、let's ～ という表現が浮かぶ人も多いでしょう。中学校英語で「ランチミーティングをするのはどうですか？」と言うとき、次のような言い方になってしまうのではないでしょうか。

Let's have a lunch meeting.

let's は、let us を省略した表現です。let は「～させる」という意味の動詞ですから、本来は動詞から始める文章＝命令文に当たります。気のおけない間柄でこの表現を使うことは特に問題ありませんが、初対面の相手や上司に使うと失礼な印象を与えてしまうことも。そこで、覚えておきたいのがダイアログのHow about ～？「～はいかがですか？」という言い方で、相手の意見を伺っているようなニュアンスになります。

これはNG!

Is a lunch meeting OK?

ランチミーティングは大丈夫ですか。

命令口調の let's を避けた方がよいのと同様に、Is ～ OK? の表現も要注意。使いやすい表現のためこのように言ってしまう人も多いのですが、相手に～でいいですよね、と「一択を迫っている」ような印象を与えてしまい、高圧的に感じられてしまうこともあります。特に慎重な提案をする場合はダイアログで紹介した How about ～？ の方がいいでしょう。

プラスワン!

Is it possible to have a lunch meeting?

ランチミーティングは可能ですか。

何かを提案したり、誰かを誘ったりするというのは、相手の都合を最大限考慮する必要があります。そのような場合には Is it possible to ～？ という表現を使うのが◎。

> 主語に状況を表す " it "（代名詞）を用いることで、より客観的に提案しているニュアンスになります。

Are you available on Friday?

金曜日はご都合いかがですか？

Tracy **Do you know how to install this web conferencing application?**
このリモート会議アプリをインストールする方法ってわかるかしら？

マサ **Yes, I can help you out.**
はい、お手伝いできますよ。

Tracy **Good. Also, I want to try a test round with you. When can we do that?**
よかったわ。それから、一度試しで使ってみたいんだけど。いつできそうかしら？

マサ **Sure. Are you available on Friday?**
わかりました。金曜日はご都合いかがですか？

Tracy **Friday will do.**
金曜日はいいわね。

都合を聞くときは、
相手にストレスを感じさせないことが大切!

　ビジネスシーンでは、相手の都合を尋ねる（=考慮に入れる）のは、ごく当然のことです。このとき、日本語の「お忙しいでしょうか？」の感覚で言おうとする人がとても多いようです。中学英語で考えると、busy を使ってこんな風に尋ねがちです。

Are you busy on Friday?

　この表現でも決して悪いわけではないのですが、busy を使って聞かれると、相手は「なんとかして仕事を片付けて、都合をつけてあげよう」と思ってしまうかもしれません。相手にストレスを与えてしまっては申し訳ないですね。相手の都合を尋ねる場合は、busy ではなく、「都合がよい」ということを表す available という表現を使うと効果的です。

これもOK!

How does meeting on Friday sound to you?
金曜日にミーティングをするのはどうですか (=どう聞こえますか)？

sound は動詞として使うと「〜と聞こえる」という意味で、相手に何かのお伺いを立てる場合に使いやすい表現。「金曜日がいいよ」と伝えたい場合は Friday sounds good. などのように言うことができます。

> ビジネスでの場でも使いやすい表現。
> ぐっと大人な印象になります！

プラスワン!

My schedule is a bit tight on Friday.
金曜日はちょっと予定が立て込んでいます。

日本語でも予定が詰まっていることを「タイトスケジュール」などと言うことがありますね。ある意味、お馴染みですが、英語で言う場合、schedule を主語にもってくるといいでしょう。 a bit（ちょっと）を付けることで、こなれた表現になります。

009

Meeting on Thursday is best.

木曜日にミーティングをするのがベストです。

| カズ | Masa, what do you think about having a regular online meeting to bring us all up to speed? |

マサ、定期的にオンライン会議を設けて、情報をアップデートすることについてはどう思う?

| マサ | That sounds very useful. |

とても有益だと思います。

| カズ | Oh, you think? Just curious, what day do you feel is good to have this kind of regular meeting? |

あっ、そう思う? ちなみにこの定期の会議をもつとしたら、いつがいいかな?

| マサ | To me, **meeting on Thursday is best.** |

私にとっては、木曜日にミーティングをするのがベストです。

| カズ | Actually, that sounds great to me, too. |

実は、それは僕にとってもいい案なんだ。

自分の都合はスマートに伝えよう

008では、相手の都合を尋ねる聞き方を学びました。では、反対に、自分の都合を伝える場合には、どのように言うのがスマートでしょう。簡単に思いつくのは以下のような言い方でしょう。

Meeting is OK on Thursday.

「木曜日は大丈夫です」という意味です。この表現でも決して悪くはありません。言いたいことは伝わるはずです。しかし、せっかく相手がこちらの都合を考慮して予定を組もうとしてくれているのであれば、このような言い方ではややそっけない印象を与えてしまうかもしれません。相手に誠意を示したいということであれば、best という表現を使って、より積極的な姿勢を表現しましょう。

It is most preferrable to have a meeting on Thursday.

木曜日にミーティングをもつことが最も好ましいです。

少しかしこまった言い方です。「〜のほうが好ましい」という意味の動詞 prefer の形容詞形が preferrable です。 it を使った仮主語の文にすることで、客観的な視点で発言をしているような印象を与えることができます。

これはNG!

I am fine with meeting on Thursday.

木曜日にミーティングをもつことで結構です。

fine（with 〜）という表現は、「〜で大丈夫」「〜で結構だ」という表現です。このような表現を使っても間違いではないのですが、fine や OK などの表現を使うと、どこかそっけない印象を与えてしまう場合があります。

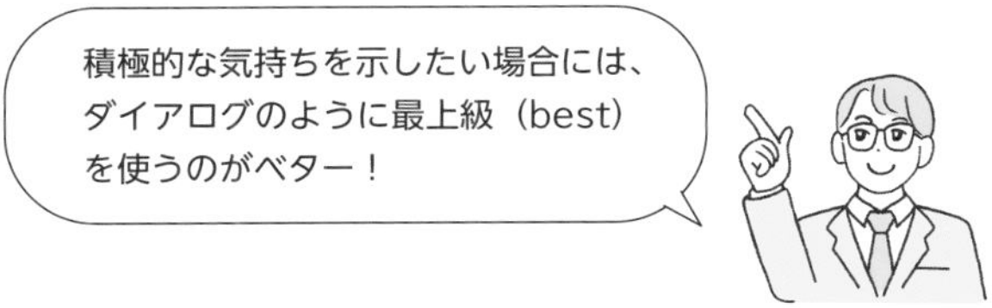

> 積極的な気持ちを示したい場合には、ダイアログのように最上級（best）を使うのがベター！

010

Let me know when you are free.

都合のいい時間ができたら教えてください。

マサ	**Excuse me, Tracy-san. Can I talk about my teleworking shift?**

トレイシーさん、すみません。私のテレワークのシフトについて話しても
いいですか？

Tracy	**Yeah, I know that's important. But can it possibly wait until this afternoon?**

ええ、それは重要な件であることは承知しているわ。ただ、今日の午
後まで待ってもらえるかしら？

マサ	**Yes, of course. Please let me know when you are free to talk.**

はい、もちろんです。お話しするのに都合のいい時間ができたら教えて
ください。

Tracy	**Sure thing, Masa. Thanks.**

もちろんよ、マサ。ありがとう。

「教えてほしい」ことを伝えるときの好ましい言い方はこれ!

　ビジネスの場で「都合のいい時間を教えてください」と尋ねる場合、どのように言うのが効果的でしょうか。中学校英語を用いると、次のような言い方になるのではないでしょうか。

When you are free, please tell me.

　このような言い方をしても通じないわけではありませんが、どこか命令口調で、上司風を吹かせているような言い方に聞こえてしまうこともあります。

　ビジネスの場であれば、ぜひ let me know という表現を使ってみましょう。let me know はそのまま訳せば、「私に知らせてください」という意味ですが、むしろ一つの表現として、丸暗記しておくといいでしょう。

これはNG!

What time do you think is most convenient?

何時が一番都合がいいと思いますか。

このようなストレートな尋ね方をすることが効果的なケースがあるかもしれません。しかし、一般的にはストレートすぎる言い方をすると、相手にとっては選択の余地がないように聞こえてしまい、急かされているように感じる場合があるため、避けた方がいいでしょう。

> 特に相手が忙しそうにしている場合は、ダイアログの let me know を用いた表現が◎。

プラスワン!

I'd appreciate it if you could let me know what time works for you.

都合のよい時間を教えてくださいますとありがたいです。

より少しかしこまった言い方です。 appreciate は、「〜を感謝する、ありがたいと思う」という意味の動詞。このような言い方をすることで、相手の気持ちに最大限配慮しているニュアンスが伝わります。

011

I must leave here by 5 pm.

午後5時までには失礼しなければなりません。

| Tracy | Excuse me, Masa. Are you interested in joining a casual get-together in English this evening?
マサ、ちょっといいかしら。今夜英語でのカジュアルなパーティがあるんだけど、あなたは興味あるかしら?

| マサ | Well, **I must leave here by 5 pm.** It's my niece's birthday today.
えっと、午後5時までには失礼しなければなりません。今日は姪っ子の誕生日なもので。

| Tracy | Oh really? That's important. And you must make sure to go home and celebrate. How old is she now, by the way?
まあ、そうなの。それは大事ね。じゃあ、ちゃんと帰ってお祝いしなきゃね。ところで、彼女は何歳になったの。

英語圏では、はっきり意見を主張することで責任感が伝わる

　日本人のコミュニケーションは、「察し」の文化とよく言われます。特に上司やお客さまとのコミュニケーションでは、相手の意見を忖度するということが大事とされます。他方、英語圏の文化では、意見を「主張」することが大事です。この根底には、「言わなければわからない」「説明責任を果たす」という価値観が色濃くあります。たとえば、「5時までには失礼いたします」と言いたいとき、中学校英語を用いると、次のような言い方になりがちです。

Can I leave by 5 pm?

　一見、丁寧な言い方で、よさそうに思えます。依頼などのシーンでは、このような言い方が効果的な場合も少なくありません。しかし、主張するシーンでは、さまざまな憶測を生んでしまい逆効果になってしまうことも。ダイアログのように「何時までには失礼します」と、言い切るようにしましょう。その際、mustなどの助動詞を使うと効果的です。

これもOK!

I have to make sure to leave by 5 pm this evening.

5時までには確実に失礼しなければなりません。

must よりももっと外的（＝客観的）な義務を表すのが have to です。 make sure（確実に〜する）と併用することで、さらに大人の使う英語表現になります。

> 具体的な理由を添えるときは、becauseなどの接続詞を付けて、I have to make sure to leave by 5 pm this evening because I have another appointment.（先約があるので5時までに失礼しなければなりません）と言います。

プラスワン!

Please allow me to leave by 5 pm today.

5時までには失礼させてください。

「〜しなければならない」というニュアンスが感じられる must を使うことは、日本人のマインドセットでは憚られることもあるでしょう。そんなときに役立つのが、Please allow me to 〜 という言い回しです。そのまま訳せば「〜することを許可してください」という意味ですが、比較的強い要望を主張する際に用いられます。

012

What is your ETA?

予定到着時刻は何時ですか？

| カズ | Hello, Masa. Have you arrived at the station yet? |

もしもし、マサ。もう駅に着いた？

| マサ | Oh, Hi. Yes, I just arrived here. |

あっ、もしもし。はい、今着いたところです。

| カズ | Oh, good. So, listen. My train was delayed due to an accident, and I am going to be a bit late. |

よかった。あのさ。電車が事故で遅れていて、少し到着が遅くなりそうなんだ。

| マサ | Oh, OK. I can wait. **What's your ETA,** by the way? |

大丈夫です。待ってます。ちなみに、予定到着時刻は何時ですか？

| カズ | Well, I guess I am going to arrive in 10 minutes, say, 12:40. |

そうだね、10分後には到着するかな、12時40分とか。

シンプルに予定を尋ねる表現を使うと、相手を急かさないよ

相手に「何時に到着する予定ですか？」と聞く場合、すぐに思いつく中学校英語は次のようなフレーズになるでしょう。

What time will you arrive?

文法的には間違っていません。しかし、この表現は、言い方によっては「いったい何時になったら到着するのでしょうか？」と、相手を急かしているようなニュアンスになってしまう場合があります。同様に、When are you going to depart ?（いつ出国するのですか？）と言ってしまうと、「早く国に帰ってください」のように聞こえてしまう可能性も。そこで、覚えておきたいのが純粋に予定到着時刻を尋ねる What is your ETA ? という表現。 ETA は、estimated time of arrival の略語で、到着予定時刻／到着予定日を意味します。

ちなみに、出発（出荷）予定時刻／出発（出荷）予定日は、ETD（ estimated time of departure ）と表します。

これも**OK!**

Could you please tell me the ETA?

予定到着時刻をお知らせください。

Could you 〜 で尋ねることから、ダイアログの What is your ETA? よりも、ややかしこまった言い方になります。

プラスワン!

Please let me know your ETA when you catch the train.

電車に乗ったら、予定到着時刻を教えてください。

近年はスマホの普及などで、ダイアが乱れていなければ、予定到着時刻をある程度正確に把握できます。このような事情にぴったりな言い方がこれ。 When 以下の条件を設定していることで、相手に負担を感じさせることなく、予定時刻などを尋ねることができます。

013

What have you been up to?

最近どうしている?

Andy	Hi, Masa. I'm Andy. It's been a while since we last met.

やあ、マサ。アンディだよ。前に会ってからしばらくぶりだね。

マサ	Yes, Andy! **What have you been up to?**

もちろんだよ、アンディ!　最近どうしている?

Andy	Yeah, great. You haven't changed at all.

うん、いい感じだよ。君も全く変わってないようだね。

カズ	Oh, you guys know each other? So, where did first you meet each other?

おっ、君たち知り合いなの?　で、どこで知り合ったの?

マサ	Ah, we first met at the new employee orientation in April.

ええ、4月の新入社員オリエンテーションのときに初めて会いました。

社内で「久しぶり!」と声をかけられると、話の輪も広がるね

社内で久しぶりに顔を見かけた同僚がいたら、「おっ、久しぶり！」と声をかけたいですね。そんなとき、どんなふうに言いますか。中学英語や英会話フレーズ集からの知識をフル稼働すると、こんな言い方になりそうです。

Long time no see.

本当に久しぶりに会った友人などへの挨拶は、このフレーズでOK。しかし、社内で久しぶりに顔を見た相手にこう声をかけると、少し奇妙な印象をもたれてしまうこともあります。そんなときにぴったりなのが、ダイアログの What have you been up to?（最近どうしている？）という表現。さりげなく声をかければ、そこからきっと話の輪が広がりますよ。

> Long time no see. の表現の由来は、「好久不見（ハオジゥブゥジェン）」という中国語の表現という説もあります。

これもOK!

How have you been recently?
最近いかがですか。

What have you been up to? とほぼ同じ意味で使われます。「久しぶり」であることを強調するというより、「最近はどういう感じですか」のように、近況報告にフォーカスして話す場合にぴったり。なお、Good to see you again.（また会えてうれしいよ）という表現もよく使われます。

プラスワン!

It's been a long time since we met last time.
以前お会いしてから、しばらくぶりですよね。

What have you been up to? や How have you been recently? よりも、少しかしこまった言い方。口語表現でも使われますが、メールなどの文語で見かけることの方が多いようです。たとえば It's been a long time since our last email exchange.（以前メールをしてから、ずいぶん経ちます。）など、since 以下を具体的に言うことでバリエーションが広がります。

014

◁)) 014

Sorry for my being late.

遅れてすみません。

Tracy	**Hello, Masa. I'm already in the meeting room. Where are you?**

もしもし、マサ。会議室に着いたわよ。あなたは今どこにいるのかしら?

マサ	**Oh, hi. Sorry for my being late.**

あっ、もしもし。遅れてすみません。

Tracy	**Yeah, it's okay. So, was I supposed to meet you at 12:00 or 12:10?**

ええ、大丈夫よ。ところで、集合は12時だった? それとも12時10分?

マサ	**Yes, at 12:00. Sorry, there was something wrong with the photocopier, so I couldn't complete my preparation in time.**

はい、12時です。すみません、コピー機が不調で、時間内に準備が間に合わなかったもので。

謝罪は理由を明確に伝えることがポイントだよ

　どんなに気をつけていても、電車の遅延により約束に遅れてしまう、予想外の事態で遅れてしまう、ということは起こり得ます。そんなときには、たとえ自分自身に非がない場合でも、迷惑をかけたことに対して謝罪するのがビジネスの場でのマナー。「謝罪」のシーンでは、こんな言い方をする人も多いでしょう。

I'm sorry…

　日本的な価値観では、「余計な言い訳をせずに、いさぎよく平謝りをする」という姿勢がよしとされる場面も多いでしょう。しかし英語圏では、「何に対して謝罪をしているのか」という謝罪の理由を明確に示すことが、「潔い、プロフェッショナルだ」と感じられる要因になるようです。遅れた場合であれば、Sorry for my being late.（「遅刻してしまって」すみません）と理由を明確に伝えましょう。前置詞の for 以下が謝罪の理由を表します。

これもOK!✧

I'm sorry that I am late for the meeting.

会議に遅れてしまってすみません。

理由を表す部分に that 節を置いて、このような言い方をすることができます。for を使った文章はより口語的、that 節を使った文章はより文語的な印象になります。

> be late for ～ は、「～に遅れる」という熟語。併せて覚えておきましょう。

プラスワン!⁺

My apologies for being late.

遅れてしまったことをお詫び申し上げます。

メールやビジネス文書などで登場する、かしこまった言い方。apology は名詞で「謝罪」という意味。ちなみにセンテンスで使う場合は、apologize という動詞の形を用いて、I must apologize to you for my being late for the meeting.（ミーティングに遅れてしまったことをあなたに謝罪させてください）と言います。

015

Thanks for your help.

お手伝いいただいてありがとうございました。

カズ　**Masa, you did a great job on your presentation.**
マサ、プレゼンよかったよ。

マサ　**No no, my English was horrible…**
いえいえ、私の英語はひどかったので…。

カズ　**Come on. You spoke better English than any other Japanese participant.**
そんなことないよ。他のどの日本人の参加者よりも、上手に英語を話していたよ。

マサ　**Oh, really? Thanks for your help with my preparation.**
えっ、本当ですか？　準備するのにお手伝いいただいてありがとうございました。

カズ　**My pleasure.**
どういたしまして。

お礼を述べるときも、理由を述べることが大切!

014では謝罪の表現について学びました。今度は感謝の表現のしかたを見てみましょう。謝罪するときと同様、日本語では「本当にありがとう」などと気持ちを込めて言うことがありますが、英語圏ではどうでしょうか。中学英語を用いると、「本当にありがとう」はこう言いますね。

Thank you very much.

日本的な価値観では、お礼を述べるときは気持ちを込めて言うことが好まれる傾向があります。そのため、感謝の理由をだらだらと述べていると、「くどくて興醒めする」と思われることも。他方、英語圏では、くどいくらい理由を述べるのが、プロフェッショナルな感謝の言い方です。 sorry 同様、前置詞の for を用い、感謝の理由を述べます。

> プラスワン!⁺
>
> Many thanks to you for helping me with my preparation.
> 準備を手伝っていただいてありがとうございました。

thank you のややくだけた表現と知られている thanks ですが、実は「感謝」という意味の名詞 thank の複数形。 thanks に「たくさん」という意味の many を付けて many thanks と言うこともでき、これはややかしこまった言い方になります。日本語に「多謝」という表現がありますが、ちょうどこれと同じようなイメージ。なお、前置詞は、〈 to 人、for モノ〉です。使い分けに気をつけましょう。

> プラスワン!⁺
>
> I really appreciate your helping me so much with my English practice.
> 英語の練習に付き合ってくださったこと、本当に感謝いたします。

appreciate は動詞で「感謝する」という意味。メールやビジネス文書などに用いられ、より文語的でかしこまったニュアンスになります。感謝の理由は、for などの前置詞は使わず、appreciate の後ろに 〜 ing形の形で置きます。

> appreciate を使った定型表現に、Much appreciated.
> （感謝申し上げます）という言い方があります。よく使われるので、併せて覚えておきましょう。

016

Could you do me a favor?

お願いがあるのですが。

マサ	**Excuse me, have you got time for me?** すみません、お時間よろしいですか？
カズ	**Sure thing, Masa.** もちろんだよ、マサ。
マサ	**Well, actually it's about my proposal.** えっと、実は提案書の件なのですが。
カズ	**Uh-huh.** うん。
マサ	**Well, could you do me a favor? I want to ask you to take a look at it and let me know if there are any changes I should make to it.** えっと、お願いがあるのですが。目を通していただいて、提案書の中に変えた方がいいところがあれば教えていただきたいのです。

何かをお願いするときの言い方をおさえておこう

　ビジネスの場では、誰かに何かをお願いすることがよくあります。そのようなときの上手な切り出し方を日本語の感覚で英語で言うと、次のような言葉が口に出てくるのではないでしょうか。

Excuse me, I have a request.

　この言い方でも、お願いがあるということは確かに伝わります。しかし、懸念点としては、プライベートなお願いにも仕事上のお願いにも使えてしまう曖昧さが挙げられます。ビジネスでぴったりくるのは、favor を用いた Could you do me a favor? という表現で、実際に頻繁に使われています。名詞の favor は、ビジネス英語では頻繁に使う単語の一つなので、ぜひおさえておきましょう。

> **プラスワン！**
>
> I have a special favor to ask of you.
>
> 折り入ってお願いしたいことがあります。

「折り入って（他の誰かではなく）"あなた"にお願いがある」ということを示したいときに役立つ表現です。頼ってもらえることは、誰にとっても多かれ少なかれ嬉しいもの。ぜひ言葉に表しましょう。

> **プラスワン！**
>
> Do you mind if I ask you a favor?
>
> お願いがあるのですがよろしいでしょうか。

mind は動詞として用いると、「～を嫌に思う、差し障りがある」という意味になります。この表現は直訳すると「もしあなたにお願いをしたら、差し障りがありますでしょうか」となり、かなりかしこまった言い方になります。このようなお願いのしかたをされた場合は、答え方に注意が必要です。「お引き受けしますよ」と答えるつもりで Yes. と言ってしまうと、「はい、差し障りがあります＝お引き受けできません」の意味になってしまいます。引き受けることを伝える場合は、No, I don't.（いいえ、差し障りはありませんよ＝喜んで）と言うのが正解。慣れないと即答できないので、引き受ける場合の分かりやすい返事として、Of course.（もちろん）という言い方を覚えておくといいでしょう。

> Do you mind if ～ で聞かれたときは、
> Yes. / No. の使い方に気をつけよう！

017

Can I steal you for a second?

少しよろしいですか？

〈会議中のテーブルに近づく〉

マサ **Sorry to interrupt.**

失礼します。

Tracy **Oh, hi, Masa. Everyone, this is Masa and he works with me.**

あっ、マサ。みなさん、彼はマサといいまして、一緒に働いています（私の部下です）。

マサ **Good to see you all. Well, can I steal you for a second, please?**

みなさん、はじめまして。えっと、少しよろしいですか？

Tracy **Oh, is this something urgent? OK. Excuse me, guys. I'll be right back.**

ええ、急ぎの件ね？　もちろんよ。みなさん、失礼します。すぐに戻ります。

打ち合わせ中の人を呼び出す言い方は重宝するね!

　会議や打ち合わせ中の人に急ぎの用件を伝えるとき、「少しよろしいですか？」「ちょっといいですか？」と、こちらに来てもらうことを促すことがあります。そんなとき、どのように言ったらいいでしょうか。中学英語を駆使すると、次のような言い方になるかもしれません。

Can I talk with you now?

　なるほど「あなたと今、話がしたい」ということは伝わります。しかし、「いったん席を外して、こちらに来てほしい」というニュアンスは伝わりづらいですね。そんなときにぴったりなのが、「盗む」という意味の steal を使った Can I steal you for a second? という表現。直訳すると、「1秒間（＝ちょっと）、あなたを盗むことができますか」という意味になります。

May I borrow you for a moment?

少しよろしいですか。

steal（盗む）の代わりに、borrow（借りる）という動詞を使ってもOK。

> 「少し」を表す表現は、for a second（1秒間）の代わりに、for a moment（一瞬）でも代用できます。

プラスワン!

Could I perhaps borrow her for a moment, please?

彼女をちょっとだけお借りしてもよろしいでしょうか。

ダイアログや「これもOK！」の言い方は、本人に直接話しかけるときの言い方でしたが、今度は周りの人に話しかけるときの言い方です。たとえば、上役が多く出席している会議から、誰かを呼び出すときは、このように周囲に許可を得るのがマナーです。

018

You must be tired.

お疲れ様でした。

カズ	Oh boy, that meeting was quite tough. Many people asked me a lot of questions.

やれやれ、大変なミーティングだったよ。質問責めにあっちゃって。

マサ	Oh, why is that?

えっ、それはどうしてですか?

カズ	I think people were so curious about this project. It's a good thing, though.

みな、このプロジェクトにすごく関心が高いのだろうね。いいことだよ。

マサ	**You must be tired.**

お疲れ様でした。

カズ	Yeah, kind of. I need to grab a cup of coffee.

うん、少し疲れたよ。コーヒーでもいただこうっと。

「お疲れ様」はビジネスマンの鉄板表現だね

　仕事の後などに、「お疲れ様でした」と相手を労うことはよくあります。英語でも、この感覚は同じだと考えて問題ないでしょう。さて、これを英語ではどう表現しますか。中学英語で考えると、次のように言ってしまうかもしれません。
You look tired.

　「疲れているように見えますね」という言い方を思いつく場合が多いようですが、この表現を使うと、言い方によっては「疲れた顔をしているね」といったニュアンスとして伝わってしまい、失礼に当たることも。相手をねぎらう「お疲れ様でした」は、「〜に違いない」という意味の must を使うと、ひと仕事を終えた後の声掛けとして、自然な響きになります。

これもOK!

You must be tired after the hard work.

大仕事の後でお疲れでしょう。

You must be tired. の後に、何がお疲れ様なのか、具体的な内容を入れる言い方です。 after の後を変えるとバリエーションが広がります。

> 会議の後に話しかけるのであれば、You must be tired after the important meeting. （大事な会議の後でお疲れでしょう） がぴったりです。

プラスワン!

Handling questions requires a lot of energy.

質問に対応するのは力が要りますね。

具体的に相手の置かれている状況について言及する言い方です。たとえばダイアログのように、相手が質問に対応することが大変だった状況に置かれていたのであれば、You must be tired. の後にプラスアルファして言ってあげましょう。相手の立場に立って発言することで、労をねぎらっている気持ちが強調されます。

019

Turn off the lights before you leave.

退室する前に電気を消してください。

カズ | I lost my USB memory stick somewhere. I remember I used it in this room so I have to check again.

USBメモリが見当たらなくて。この部屋で使ったのを覚えているからもう一度チェックしなきゃ。

マサ | OK. Please make sure to **turn off the lights before you leave.**

わかりました。退室する前に必ず電気を消してくださいね。

カズ | Sure thing, Masa. Thanks for reminding me. Oh, here it is.

もちろん、マサ。リマインド、ありがとう。あっ、ここにあった。

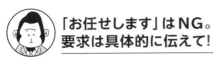

「お任せします」はNG。
要求は具体的に伝えて!

　会議やイベントの後に部屋を現状復帰するような場面で、「後はお任せしてもいいですか?」というような発言をすることがありますね。これを中学校英語で考えると、どんな言い方になるでしょうか。

Can I leave it up to you?

　この表現自体は決して間違っていません。しかし、これまで見てきたように、英語では「何をどのようにしてほしいのか」ということを具体的に伝えることが求められ、「察し」や「忖度」などの価値観は通用しないことがほとんどです。たとえば、「後はお任せします」=「退室前に電気を消してほしい」という気持ちであれば、ダイアログのように Turn off the lights before you leave. と、「電気を消す」ことをダイレクトに言うのが正解です。

これもOK!

May I ask you to turn off the lights when you leave?

退室時に電気を消してもらえますか。

May I ask you to ~ は、相手にお伺いを立てている印象になります。立場上、ダイアログのような make sure to ~(確実に~する/忘れずに~する)という表現が使いづらい場合はこちらの言い方が◎。

> ダイアログの before は when と
> 言い換えても、意味はほぼ同じです。

プラスワン!

Please make sure to put the lights out for the purpose of saving energy.

省エネ対策のため、必ず消灯してください。

消灯の理由を言いたい場合などには、for the purpose of ~(~の目的のため)という表現を添えるといいでしょう。日本語的な感覚では多少くどいように思えても、「具体的に何をしてほしいのか」「それを何のためにしてほしいのか」ということをきちんと伝えることが、よりプロフェッショナルな対応になります。

020

I'll see what I can do for you.

私なりに何ができるか考えてみます。

| Tracy | **Masa, could you do me a favor, please?** |

マサ、お願いがあるのだけど、いいかしら？

| マサ | **Well, I'll see what I can do for you.** |

ええ、私なりに何ができるか考えてみます。

| Tracy | **Yeah, I think it will be a piece of cake for you. Could you take a look at my Japanese and make corrections to my grammar, please?** |

ええ、あなたなら朝飯前よ。私の書いた日本語を見て、文法を直してほしいの。

| マサ | **Oh, OK. Sure. When is the deadline?** |

はい、OK ですよ。もちろん。締め切りはいつですか？

| Tracy | **I need to get it done by Thursday morning. Is that too early?** |

木曜日の朝までにできている必要があるのだけど。早すぎるかしら？

何かを頼まれたときの答え方は、いろいろあるんだね

　何かをお願いされて、それを承諾する場面ではどのような表現が好ましいでしょうか。「喜んで」ということを伝えようとして、すぐに思いつくのは、次のような言い方でしょう。

Sure.

　引き受けられそうな案件であれば、Sure. でかまいません。しかし、安請け合いしてしまって、キャパ以上のことをやらされる羽目になるのも考えものです。

　そこで覚えておきたいのが、承諾する前の「私なりに何ができるか考えてみます」という言い方です。後々、「やっぱりできませんでした」などと前言撤回するのもプロフェッショナルさに欠ける場合もあるので、答え方のバリエーションとしてぜひ覚えておきましょう。

> Sure. や Yes, of course. などの決め台詞は、承諾の最後まで取っておきたいですね。

プラスワン！

Alright. I'll see to it immediately.

わかりました。すぐに対応いたします。

引き受けられそうな案件であることが明らかな場合には、このような表現を使うといいでしょう。 see to it（対応します）という表現を使うと、好感をもたれやすいでしょう。

プラスワン！

May I ask what it's all about?

どういう用件かお伺いできますか。

少しかしこまった、フォーマルな言い方です。「引き受けられるかどうかは、内容によるので、聞いた上で判断したい」という状況に合う表現です。こちらも併せて覚えておきましょう。

021

What else can I do for you?

他に何か私にできることはありますか?

| カズ | **Masa, thanks for helping me with photocopying the documents.** |

マサ、書類のコピーを手伝ってくれてありがとう。

| マサ | **No problem. What else can I do for you?** |

問題ありません。他に何か私にできることはありますか?

| カズ | **Well, let's see, oh can you help me staple these?** |

うん、そうだね、じゃあ、これのホチキス止めを手伝ってくれるかな?

| マサ | **Sure thing.** |

もちろんですよ。

| カズ | **You know, this kind of simple task always freaks me out.** |

もう、こういう単純作業してると、嫌になっちゃってさ。

手伝いを申し出るときは、積極的な姿勢を表したいね

忙しそうにしている人を見かけたときに、積極的に声をかけて手伝うということは、社会人の基礎力に当たることかもしれません。その際、「お手伝いできることはありますか？」という意味で、次のように言いたくなるかもしれません。

Can I help you?

この表現自体は決して間違っていません。しかし、ビジネスの場では単に「手伝いましょうか」と申し出るより、「他に何かできることはありますか」という聞き方の方がしっくりきます。それに適した言い方が、ダイアログの What else can I do for you? という言い方。 else は「その他の」という意味を表す表現で、What else で「他に何か」という意味に。積極的に手伝おうとする姿勢が表現できます。

Is there anything else I can do for you?

他に何かできることはありますか。

there 構文を使ったこの言い方は、「より客観的に判断した結果、できることがあるか」ということを尋ねているニュアンスがよく伝わります。ビジネスシーンでは、時には客観性も求められますね。

これは**NG!**

How may I help you?

どのようにお手伝いしましょうか。

このフレーズ自体には問題はありませんが、言い方によっては、店員とお客さんの会話のような印象に。ビジネスの場では、ダイアログや「これも OK！」の言い方がおすすめです。

> How may I help you?
> や May I help you? は、
> 店員さんの決まり文句の一
> つです。

022

Have a good one!

よい1日を！／よい週末を！

| カズ | **Are you going home soon, Masa?** |

もう帰宅するの、マサ？

| マサ | **Yes, of course. It actually was a long day today, wasn't it?** |

はい、もちろん。今日は本当に長い1日でしたね？

| カズ | **Yeah, it was. Alright, take care, Masa.** |

うん、そうだね。じゃあ、気をつけて、マサ。

| マサ | **Thanks. Have a good one!** |

ありがとう。よい1日を！／よい週末を！

| カズ | **You too. I'll see you next Monday, OK?** |

君もね。また月曜日にね。

「お先に失礼いたします」の言い方は ぜひ知っておきたいね!

　仕事終わりに同僚に声をかけるとき、日本語ではたいてい「お先に失礼いたします」と言いますが、これを英語ではどのように言うのがよいのでしょう。お別れの挨拶としては、中学英語では次のように習いました。

Goodbye, everyone.

　「さようなら」という意味の表現です。1日の最後に、退社の際の同僚への挨拶として、決して悪いわけではありません。しかし、どこかそっけないニュアンスが伝わってしまうことも。そこで、覚えておきたいのがダイアログの Have a good one!（よい1日を!／よい週末を!）という表現。 good の後に one を置くことで、朝昼晩を問わず使える表現になります。

> 別れ際のお馴染みの挨拶、See you again.（またお会いしましょう）も、同僚間で使うと、ややそっけない言い方に聞こえてしまう場合があります。

これもOK!

Have a nice weekend, Masa.

マサ、よい週末を。

「よい」の後に、「週末」「夜」など、具体的な日時を入れる言い方です。ダイアログのような場面でも、もちろん、このフレーズのように具体的に述べても○K。

プラスワン!

Wishing you all the best for the weekend.

ベストな週末をお過ごしください。

Have a good one. や Have a nice weekend. よりも、少しかしこまった言い方。この表現を少し短くした、All the best.（では、ごきげんよう）という言い方もよく用いられます。やや文語的な言い方ですが、併せて覚えておきましょう。

Let's Review

🔊 096

Chapter 1 のフレーズを振り返ってみましょう。

☑ **I go by Masa.**

マサと呼ばれています。

→ 001 p.20

☑ **I'm based in Yokohama.**

横浜に住んでいます。／拠点があります。

→ 002 p.22

> based in ～ を使うと、大人の英語に
> 早変わり！ すぐに口から出るように、
> 何度も繰り返してみよう。

☑ **Come again, please?**

もう一度お願いします。

→ 003 p.24

☑ **Could you speak a bit more slowly please?**

もう少しゆっくり話していただけますか?

→ 004 p.26

☑ **What do you mean by that?**

それはどういう意味ですか?

→ 005 p.28

☑ **Do you have the time?**

今何時かわかりますか?

➡ **006** p.30

☑ **How about a lunch meeting?**

ランチミーティングをするのはどうですか?

➡ **007** p.32

☑ **Are you available on Friday?**

金曜日はご都合いかがですか?

➡ **008** p.34

> 相手の都合は、スマートに聞くのが
> ビジネスパーソンのマナー!

☑ **Meeting on Thursday is best.**

木曜日にミーティングをするのがベストです。

➡ **009** p.36

☑ **Let me know when you are free.**

都合のいい時間ができたら教えてください。

➡ **010** p.38

☑ **I must leave here by 5 pm.**

午後5時までには失礼しなければなりません。

➡ **011** p.40

☑ **What is your ETA?**

予定到着時刻は何時ですか?

➡ 012 p.42

☑ **What have you been up to?**

最近どうしている?

➡ 013 p.44

> 「久しぶり!」と、さっと声
> をかけられたら英語上級者!
> 話の輪も広がりますよ。

☑ **Sorry for my being late.**

遅れてすみません。

➡ 014 p.46

☑ **Thanks for your help.**

お手伝いいただいてありがとうございました。

➡ 015 p.48

> お礼を言うときは、感謝の理由を
> 具体的に伝えるのがベスト!

☑ **Could you do me a favor?**

お願いがあるのですが。

➡ 016 p.50

☑ **Can I steal you for a second?**

少しよろしいですか?

➡ 017 p.52

☑ You must be tired.

お疲れ様でした。

➡ 018 p.54

> ビジネスパーソンなら、必ず覚えて
> おきたいフレーズの一つ。

☑ Turn off the lights before you leave.

退室する前に電気を消してください。

➡ 019 p.56

☑ I'll see what I can do for you.

私なりに何ができるか考えてみます。

➡ 020 p.58

☑ What else can I do for you?

他に何か私にできることはありますか?

➡ 021 p.60

☑ Have a good one!

よい1日を!／よい週末を!

➡ 022 p.62

> 「お疲れ様でした」とセットで覚えて
> おきたいフレーズ。笑顔で声をかけ
> ましょう。

Chapter 2

部内や社内での仕事と会話

部内や社内の業務といえば、電話対応やオンライン会議。対面よりハードルが高そうだな…。

それぞれ特有の言い回しをおさえておけばノープロブレム！　もちろん、対面での打ち合わせもしっかりね！

023

Hello, this is Yamagata speaking.

もしもし、山縣です。

〈電話〉

マサ	**Hello, this is Yamagata speaking.**

もしもし、山縣です。

カズ	Hello, Masa. This is Kazu.

もしもし、マサ。カズだけど。

マサ	Oh, hi, Kazu-san. How may I help you?

あ、はい、カズさん。どうしましたか？

カズ	Yeah, I just wanted to let you know that it is my telework shift today, so I won't come to the office.

うん、今日はぼくのテレワークの日なので、オフィスには行かないということを一応知らせておこうと思って。

マサ	OK, gotcha.

わかりました。

電話で名前を言うときは「 This is 名前 speaking. 」が定番だよ

電話で名前を名乗る際の定番「もしもし」は Hello 、「山縣です」は I am Yamagata. ではなく、This is Yamagata speaking. と言います。「今、電話口では山縣が話しています」というニュアンスで捉えると腑に落ちますね。電話での会話では、自分の名前は、はっきり、ややゆっくりめに発音することがポイントです。

また、相手の要件を尋ねる場合は How may I help you？（どのようにお役に立てますか＝どうしましたか）が定番のフレーズ。併せて覚えておきましょう。

> 電話を受けたらすぐに This is ～ speaking. が
> 口から出るように、反復練習しましょう。

これもOK!

Hello, international sales. Masayuki Yamagata speaking.

もしもし、国際営業部です。山縣雅之が承ります。

電話口の部署がどこなのか、担当者が誰なのか、ということを明確に示したいときの表現。ダイアログの This is ～（名前）speaking. より、ややかしこまった言い方です。

プラスワン!

International sales department. Good morning.

国際営業部です。おはようございます。

内線（ extension ）を受けたときのフレーズです。部署名をはっきり述べた上で、朝なら Good morning. 、午後なら Good afternoon. と挨拶をします。

024

May I speak to Tracy please?

トレイシーさんをお願いできますか?

〈電話〉

マサ **Hello, international sales department.**

もしもし、国際営業部です。

相手 **Oh, hi. I was wondering, may I speak to Tracy please?**

もしもし。トレイシーさんをお願いできますか?

マサ **Yes, well, can I just ask who's calling and what it's all about?**

承知しました、えっと、お名前とご用件をお伺いしてもよろしいですか?

相手 **Yeah, of course. This is Jim from procurement, and I'd like to talk with Tracy about the online meeting equipment that she was requesting.**

もちろん。調達課のジムですが、トレイシーからオンライン会議の備品について頼まれていた件でお話ししたく。

取り次いでもらうとき、取り次ぐときの定番表現をおさえよう！

　電話で最も多いシチュエーションの一つは「取り次ぎ」です。これは、May I speak to 〜 please?（〜とお話ししたいのですが）という定番表現を覚えておけば、自分が話したい相手に、スムーズに代わってもらえます。Hello. Tracy, please. などと省略した言い方は、プロフェッショナルさに欠けた印象を与えてしまう場合があるので、避けた方が無難です。

　一方、電話を取り次ぐ場合は、相手の名前とおおよその用件を尋ねるといいでしょう。その際に役立つのが Can I just ask who's calling and what it's all about?（お名前とご用件をお伺いしてもよろしいですか）という表現。セットで覚えておきましょう。

これもOK!

Could you put me through to Tracy-san, please?
トレイシーさんに取り次ぎをお願いいたします。

put 〜 through to は、「取り次ぎをする」という意味の、かしこまった言い方です。目上の人への電話のシーンや取引先とのやり取りの中では、こちらの表現を使う方がベター。

> put 〜 through to を使って「山縣にお繋ぎします」と言う場合は、I'll put you through to Yamagata right away. Hold the line, please.（すぐに山縣にお繋ぎします。このままお待ちください）に。

プラスワン!

May I speak to Tracy, about the online meeting equipment, please?
トレイシーとオンライン会議の備品についてお話をさせてください。

ダイアログの May I speak to 〜, please? が使いこなせるようになったら、about 〜以下を足して、用件まで一度に伝えるようにしましょう。I'd like to talk with Tracy about the online meeting equipment. Is she available now?（トレイシーとオンライン会議の備品について話があるのですが。彼女はいらっしゃいますか?）でも◎。

025

025

Hang on a second, please.

少々お待ちください。

〈電話〉

マサ Hello, Andy, this is Masa.

もしもし、アンディ、マサです。

Andy Hi, Masa. Did you receive my email yet?

もしもし、マサ。メール届いた?

マサ **Hang on a second, please.** I'll check that.
Ah, yes, is it about the workshop?

少々お待ちください。チェックするね。あぁ、ワークショップの件だね?

Andy Yes, I think it is going to be of great value to
you.

うん、君にとって有益なものになると思って。

相手に待ってもらうときは、「一瞬」という表現を使うといいよ!

　少し待ってほしい旨を伝えるときの定番表現は、Hang on a second, please.（少々お待ちください）です。a second は「1秒」という意味なので、そのまま訳せば、「1秒待ってください」と訳せますがこれは比喩で、「少し」という意味合いで用いられています。a second は、a moment に変えても同じ意味になります。親しい間柄であれば、シンプルに Hang on. という言い方でも。

　なお、社外のお客様からの電話を取り次ぐときは、もう少しフォーマルな言い方である Could you please wait for a second? と言います（p.176）。

> ちなみに「このまま切らずにお待ちください」は、Hold the line, please. と言います。

これも**OK!**

Just a moment, please.
少しお待ちください。

親しい間柄などでよく使われる少しくだけた表現です。初対面の相手や目上の人との電話のやり取りでは、定型表現の Hang on a second, please. を使うのがベスト。

プラスワン!

Could you give me a second, please?
少々お時間いただけますか?

少しかしこまった表現です。たとえば、メールをチェックするのでこのまま待ってほしい（保留状態にしておいてほしい）ことを相手に丁寧に伝えるときに、ぴったりの言い方です。

026

I'm sorry he is out now.

すみません、彼は今席を外しています。

〈電話〉

| 相手 | **Hello, procurement section.**
もしもし、調達課です。

| マサ | **Hello, this is Yamagata from international sales.**
もしもし、国際営業部の山縣ですが。

| 相手 | **Yes, how may I help you?**
はい、どういったご用件でしょうか?

| マサ | **Ah, can you put me through to Andy, please?
I'd like to talk about the security of my laptop.**
ええ、アンディさんに繋いでいただけますか? ノートパソコンのセキュリティについてお話ししたいことがあります。

| 相手 | **OK. Hold the line, please. ... I'm sorry he is
out now. Do you want him to call you back?**
はい。お待ちください。……すみません、彼は今席を外しています。
折り返させましょうか?

身内の不在を伝えるときは、
併せて折り返しを申し出るといいね。

　取り次ぎをお願いされた相手が不在のときは、I'm sorry he is out now.（すみません、今席を外しています）という定番表現を使います。

　これとセットで覚えておきたいのが、Do you want him to call you back?（折り返させましょうか?）というフレーズ。何か伝えたいことがあって電話をしたのに相手が不在だとがっかりする気持ちになりますが、折り返すことを申し出ることで相手に安心感を与えます。このようなさりげない心遣いも、電話対応のコツといえます。

これもOK!

I'm afraid he is out of the office today.

恐れ入りますが、今日、彼はオフィスにいないようです。

ダイアログで紹介した I'm sorry he is out now. よりも、少しかしこまった言い方です。たとえば、上役の電話を取り次ぐ場合などは、このような表現を使った方がよいでしょう。

> 彼はオフィスにいるけど「今は手が離せないようです」と言う場合は I'm afraid he is not available to talk at this moment.（恐れ入りますが、彼は今手がふさがっていて話せないようです）と言うのが◎!

これはNG!

He's not here.

彼はここにいませんよ。

この表現は、「彼は今ここにいない」という意味と、「彼はこのオフィスで働いていない（＝ここには在籍していない）」という意味の両方が含まれるので、不適切。また、カジュアルな会話ではOKですが、ビジネスの場ではややぶっきらぼうに聞こえてしまうため、避けた方がいいでしょう。

027

I'll get back to you later.

後で折り返します。

〈電話〉

| マサ | **Hello, this is Yamagata speaking.**
もしもし、山縣です。

| Tracy | **Hi, Masa. This is Tracy.**
もしもし、マサ。トレイシーよ。

| マサ | **Oh, hi Tracy-san. How can I help?**
あぁ、トレイシーさん。どうしましたか？

| Tracy | **Yeah, listen. Do you know the contact information of the person-in-charge of the procurement section?**
あのね。調達課の担当者の連絡先情報わかるかしら？

| マサ | **Oh, OK. I have to check that, and it may take some time. I'll get back to you later, if I may.**
わかりました。チェックしないとわからないので、時間がかかるかもしれません。もしよければ後で折り返します。

電話の折り返しを申し出るときは、責任感が伝わる言い方が◎!

　回答まで時間がほしいので後で折り返します、などと言う場合の定番表現は、I'll get back to you later.（後で折り返します）です。ここで使われている助動詞 will には、積極的な気持ちが含まれています。仕事における責任感を表すとなると、つい、have to や must などを使いたくなってしまいますが、will を使う方がより責任ある発言に聞こえます。

　なお、「急ぎのご用でしょうか」など、相手の事情を尋ねたい場合は、Is this urgent? という表現があります。どうしてもこの電話で済ませなければならない要件なのかどうかを確認する場合は、ぜひこのように言ってみましょう。

これも**OK!**

Could I possibly get back to you later?

後ほど折り返させていただいてもよろしいですか?

I'll get back to you later? は責任感のある表現ですが、他方、相手の事情を考えなければならない際などに使うと、「押しが強すぎる」と思われてしまう場合も。そんなときは、ややかしこまった言い方である Could I ～？ を使うといいでしょう。

プラスワン!

Could it wait until this afternoon?

今日の午後までお待ちいただけますか?

今すぐに対応することが難しい場合は、「できない」ということを強調するより「いつならば対応できる」ということを伝える方がベター。この文章の主語の it は、「本案件に対応できる状況」と考えてください。 until の後ろは、tomorrow や next week など、状況に合わせて言い換えましょう。

> I can't do it right now.（今すぐには対応することができません）という言い方は、相手に「依頼を断られた」という感情が強く残るのでNG。さらに、電話では can と can't は、聞き分けが難しいというデメリットも。

028

May I have your extension, please?

内線番号を教えてください。

〈電話〉

カズ **Could you do that for me, please?**
あの件、よろしく頼むね。

マサ **Could I possibly get back to you later?**
後で折り返してもよろしいでしょうか?

カズ **Sure thing. It's not urgent at all.**
もちろん。急ぎではないから。

マサ **Thank you. Ah, may I have your extension, please?**
ありがとうございます。あっ、内線番号を教えてください。

カズ **Of course. My extension is … 7774.**
もちろん。内線番号は7774です。

電話番号を聞くときは、「頂戴したい」というイメージをもつと◎!

内線番号は英語では extension（number）といいます。extension という言葉自体は「延長」という意味ですので、内線であるということはそこから想像に難くないでしょう。

内線番号を「教えてほしい」という場合は、teach という動詞は使いません。むしろ、「あなたの内線番号を"頂戴したい"」というイメージをもって、May I have ～? という表現を使う方がいいでしょう。同様に、「連絡先情報を頂戴したい」という場合は、May I have your contact information, please? と言います。

Your extension number, please?

内線番号をお願いします。

気の置けない間柄であれば、このようなくだけた言い方が許されることもあります。しかし、あまり付き合いのない相手や初めて電話で話す相手には、使わない方がいいでしょう。

プラスワン!

Please let me know your contact information.

連絡先情報を教えてください。

内線番号を含む、相手との連絡方法について確認をしたいときにぴったりの言い方がこれ。連絡先情報は、まとめて contact information と表現します。ちなみに、contact information は、a business card（名刺）に表記されていることがほとんどです。

内線番号は、文章などではたいてい ext. と省略されて表記されています。

029

029

Thanks for your call.

お電話ありがとうございました。

〈電話〉

| カズ | **Alright, Masa. Thank you so much for your help.**
わかったよ、マサ。ありがとう、助かった。 |

| マサ | **Not a problem. Anything else?**
問題ありませんよ。ほかに何か? |

| カズ | **Ah well, that's all, thanks.**
うん、以上だよ、ありがとう。 |

| マサ | **OK. Thanks for your call. Have a nice day.**
OK. お電話ありがとうございました。よい1日を。 |

| カズ | **Yeah, likewise. Have a good one, Masa.**
ええ、お互いに。よい1日を、マサ。 |

電話は切り際が大切。
電話をくれたことに感謝を表そう!

　電話を切るときに気を遣うのは、日本語でも英語でも変わりません。相手によい印象を残すには、Thanks for your call.（お電話いただきありがとうございました）と、電話をかけてくれたことに対して感謝を表すことがポイントになります。それだけではもの足りないと感じる場合は、Have a nice day. などの表現を加えるとよいでしょう。電話は切り際が大切です。相手にとって心地よいと感じられるような切り方を心掛けたいものですね。

> お馴染みの Bye. も、電話の最後によく使われます。
> しかし、ビジネスの通話の場合、これだけで済ませて
> しまうとそっけない印象になってしまいます。

これもOK!

Nice talking with you.
お話しできて嬉しかったです。

少しくだけた表現ですが、「あなたとお話しをできてよかったです」という意味で電話の最後やミーティングの最後などに使われます。 I enjoyed talking with you.（あなたとお話しできて楽しかったです）なども、使いやすい表現です。

プラスワン!

If you have any questions, please don't hesitate to call me again.
ご質問がありましたら、どうぞ遠慮なく再度お電話ください。

don't hesitate to 〜 は、そのまま訳すと「遠慮せずに〜してください」。プロフェッショナルな対応をする際に、しばしば使われる表現です。特に電話対応で質問を受け付けた場合にこのフレーズで締めると、好感度が高まります。

030

Can you hear me well?

私の声がよく聞こえる?

〈リモート会議〉

マサ **Hello. Tracy-san, how are you?**
もしもし。トレイシーさん、お元気ですか?

Tracy **Oh, hi Masa. Can you hear me well?**
ハーイ、マサ。私の声がよく聞こえる?

マサ **Yes, I can. How about you? Can you hear me
well?**
はい、聞こえますよ。こちらの声はどうですか?　よく聞こえていますか?

Tracy **Loud and clear. Thanks for setting this up for
me, by the way.**
よく聞こえますよ。そういえば、会議を設定してくれてありがとう。

リモート会議の開始時は、音声チェックが必須だね

　リモート会議の冒頭では、お互いの声がちゃんと聞こえているか確認することが大切です。その際、よく使われる表現が Can you hear me well?（私の声がよく聞こえる？）で、文の最後の well は「上手に」「よく」という意味の副詞です。聞こえている場合は Yes, I can.（はい、聞こえます）、聞こえない場合は、Sorry, I can't hear you.（すみません、聞こえていません）と伝えます。

　ところで、カメラがオンになっていない相手に「そこ（カメラの向こう側）にいますか？」と尋ねる際、Are you there? と言う人がいます。しかし、これは「私の話を聞いていますか？」の意味になるのでNG。ダイアログ同様、Can you hear me well? と尋ねましょう。

これもOK!

Can everyone hear me clearly?
みなさん、私の声が聞こえていますか？

ダイアログの Can you hear me well? は1人に向かって話しかけていますが、参加者全員に向けて「聞こえているか」を確認する場合は everyone と話しかけます。ダイアログのフレーズの well にあたる副詞は、ここでは「クリアに聞こえますか」というニュアンスで clearly を用いていますが、ほぼ同じ意味で使えます。

プラスワン!

Please let me know if you have any problems with your sound system.
音声に問題がある場合には、みなさんどうぞお知らせください。

少しかしこまった言い方です。特にリモート会議のホスト（司会を含む）を任されている場合には、このような表現を使うとよいでしょう。参加者の声が聞こえない理由がミュートモードになっていることがわかったときは、Could you unmute yourself, please?（ミュート設定を解除してくださいますか？）と促します。

> リモート会議の参加者は、participants と言うよ！

You sound a little bit choppy now.

今、音が少し途切れています。

〈リモート会議〉

| Tracy | Alright, everyone. Today, we're going to talk about … （途切れ） … hello?

それでは、みなさん。今日話しをする議題は…、もしもーし？

| マサ | Hello. Tracy-san, could you say that again?

もしもし。トレイシーさん、もう一度言ってくださいますか？

| Tracy | OK. So, we are … to talk about the … of … Gs.

OKです。では、今日…話題…ジーズです。

| カズ | Excuse me, Tracy-san, **you sound a little bit choppy now.**

すみません、トレイシーさん、今、音が少し途切れています。

さまざまな音声トラブルの状況を伝えられる表現を覚えておこう!

　リモート会議では、ネットワーク環境が原因で音が途切れ途切れになってしまうことがよくあります。そんな状況のときに役立つのが、sound choppy（途切れ途切れに聞こえる）という表現です。 choppy は、chop （＝ぶつ切りにする）という動詞を思い浮かべると、そのニュアンスがわかりやすいですね。ネットワークが不安定で、音が飛び飛びになっていることを伝えるときに役立つ言い方です。

これも**OK!**

Your voice is breaking up now.

今、あなたの声が割れて聞こえています。

break up というのは、「割れる、別れる」という意味で使われる動詞で、ダイアログに登場する sound choppy とほぼ同じ意味で使われる表現です。リモート会議などのシーンでは、「声が分かれている＝ブツ切れで聞こえる」というニュアンスで使うことができます。

> 映像が固まっている場合は、frozen（固まっている、凍っている）という名詞を使い、You look frozen.（画面が固まっていますよ）と言います。

プラスワン!

Your network connection seems quite unstable today.

今日はネットワーク接続が不安定のようですね。

音声のトラブルに加え、映像が乱れたり、画面共有(share screen)に不具合が生じたりする場合には、この表現を使って根本原因を伝える方がいいでしょう。ちなみに、「パソコンやアプリなどを再起動してもう一度入り直す」ことを伝えるときは、I'll try to turn it off and on again. と言い、it はパソコンやアプリを指します。

You're on mute now.

ミュートになっています。

〈リモート会議〉

| Tracy | **Masa, thanks for sharing the information with us.**
マサ、情報を提供してくださってありがとう。

| マサ | **My pleasure, Tracy-san.**
どういたしまして、トレイシーさん。

| Tracy | **Does anyone else have anything else to share with us?**
ほかに共有すべき情報がある方はいらっしゃいますか?

| カズ | **……**
〈話している顔は見えているが、音は聞こえない。〉

| マサ | **Excuse me, Kazu-san, you're on mute now.**
すみません、カズさん、ミュートになっています。

ミュートがかかる＝ **on mute** のイメージだよ

　リモート会議中、本人は喋っていても、ミュートモードが外れておらず、参加者に声が全く聞こえていないという事態はよく起こります。そんなときに役立つフレーズが、You're on mute now.（ミュートになっています）。ここで使われている前置詞の on は、「ミュートがオンになっている（かかっている）」というイメージで捉えるとわかりやすいでしょう。なお、「ミュートを外してください」と言いたいときは、動詞の unmute を使い、You must unmute yourself. と言います。このとき、目的語には「～自身」を表す oneself の形（再帰代名詞）を用います。

これはNG!

Sorry, I can't hear your voice.
声が聞こえません。

「声が聞こえない」ということを伝えるには問題のないフレーズですが、リモート会議の場面などでは、ややあいまいです。声が聞こえない原因が相手のミュートモードにある場合は、ダイアログの You're on mute now.（ミュートになっています）や You must unmute yourself.（ミュートを外してください）と言うのがベター。

プラスワン!

Please make sure to unmute yourself before starting to talk.
話し始める前にミュートの解除を確かめてください。

会議のファシリテーター（進行役）として、ミュートの解除をお願いする場合は、このように少しフォーマルな言い方をするとベスト。

> リモート会議に不慣れな参加者が多い場合は、発言を開始する前にこのような案内を加えると親切です。

033

Can I share my screen?

画面共有してもいいですか?

〈リモート会議〉

Tracy **So, Masa, would it be possible for you to share your insight with us?**
では、マサ、あなたの意見を聞かせてもらえるかしら?

マサ **OK, Tracy-san. Well, can I share my screen?**
はい、トレイシーさん。えっと、画面を共有してもいいですか?

Tracy **Sure thing, Masa. You can use the function now.**
もちろんよ、マサ。機能が使えるようになってるわ。

マサ **Thanks, Tracy-san. Can everybody see my screen?**
ありがとうございます、トレイシーさん。みなさん、私の画面が見えていますか?

Tracy **Yes, I can, but it's your presenter view now.**
見えていますが、発表者モードになっていますよ。

マサ **OK. How about this?**
わかりました。これでどうでしょう?

画面共有したいときは、ホストに申し出よう!

　リモート会議中に画面共有を使ってプレゼンをする場合、自分がホストである場合は問題なく画面共有を行えますが、ゲストの立場の場合は「画面共有をしていいですか?」とホストに尋ねますね。その際によく使われる表現が、Can I share my screen?（画面共有をしてもいいですか?）というフレーズ。この表現を聞いたホストは、画面共有に必要な設定をしてくれることでしょう。オンラインでもオフラインでも、自分が何をしたいのかを相手に明確に伝えることが、上手な英語でのコミュニケーションのコツです。

　ちなみに、I can't use the share screen function.（画面共有の機能が使えないのですが）と言うと、画面共有ができない原因がホストに許可されていないためか、自分のデバイスの問題なのかがはっきりせず、問題解決に結びつきづらいことも。ホストの許可が必要な場合は、Can I share my screen? と言うのがベターです。

これもOK!

Am I allowed to share my screen here?
画面共有が許可されているでしょうか?

リモート会議の機能で画面共有が許可されていない場合は、このフレーズが有効です。allow という動詞は「〜することを許可する」という意味。ホスト側で設定をしてほしいことをリクエストする場合に役立つ言い方です。

> 「共同ホスト」になることを申し出る場合は、Could you make me a co-host, please?（私を共同ホストに設定していただけませんか?）と言います。

プラスワン!

Let me share my screen. Can you all see my screen?
画面共有します。みなさん、私の画面が見えていますか?

画面共有をしたつもりでいても、相手に見えていないということもよくあります。画面共有を開始したら、参加者に自分のスクリーンが見えているかどうかを確認するとスムーズです。

034

Could you share the file with me later?

後ほどファイルを共有してくださいますか?

〈リモート会議〉

> カズ
Alright, that's the end of my presentation. Thanks for listening.

では、以上で私からのプレゼンを終わります。 ご清聴ありがとうございます。

> Tracy
OK, thanks Kazu. So, does anybody have any questions or comments? Yes, Masa.

ありがとう、カズ。 質問やコメントがあるかたは?　マサ、どうぞ。

> マサ
Excuse me, Kazu-san, **could you share the file with me later?**

すみません、カズさん、後ほどファイルを共有してくださいますか?

> カズ
Sure. I'll send it to everyone as an attachment.

もちろん。 みなさんに添付ファイルで送ります。

> マサ
Thank you. That really helps.

ありがとう。 助かります。

ファイルの共有は、日本語でもお馴染みの share を使うんだね

会議の後で議題を熟考したいという理由から、画面共有された資料などがほしいと考える人も多いですね。そんなときは、「共有する」という意味の share を使い、Could you share the file with me later?（後ほどファイルを共有してくださいますか？）という言い方をするのが一般的です。

「〜をください」という英語としてすぐに思いつくのは give（与える）という動詞で、Can you give me the file?（そのファイルをください）という言い方が思い浮かぶかもしれません。この言い方でも伝わらないわけではないのですが、少しぶっきらぼうな言い方に聞こえてしまうこともあるので避けた方が無難です。

> e メールの添付は an attachment, an attachment file, attached（添付ファイル）が一般的です。

これもOK!

Will you please share the material via email?
メールで資料を共有してくれますか？

メールで「共有してほしい」と言う場合は、前置詞の via 〜（〜を経由して）を使います。「資料」を表す言葉は document という単語が一般的ですが、「文章」を示すことも多いため、ミーティングの資料などは material を使うのがベスト。

プラスワン！

Is there any possibility for you to share the material with us?
資料を私たちが共有できる可能性というのはありますか？

少しかしこまった言い方。「自分(with me)」にファイルを見せてほしいと言う主張も悪くはないのですが、これを「私たち(with us)」という言い方にすることで、よりチームワークが強調されるメリットがあります。また、possibility（可能性）という言い方をすることで、相手が共有を断る場合にもハードルが下がります。

Where did we go wrong?

どこで (操作を) 間違えたのでしょうか?

〈オンラインで〉

Tracy **Masa, could you do me a favor?**

マサ、お願いがあるんだけど。

マサ **Of course, Tracy-san. How can I help?**

もちろん、トレイシーさん。 いかがいたしましたか?

Tracy **Can you send me the recording of our last meeting? I need it for my reviewing.**

この間のミーティングのレコーディングを送ってもらえないかしら。 復習のために必要なの。

マサ **Yes. I have it here on my computer. Wait, it's not working. ... Where did we go wrong?**

はい。 パソコンの中に入ってますよ。 あれ、うまくいかないな。 ……どこで (操作を) 間違えたのでしょうか?

ハプニングを助けてほしいときは、こんな言い方をしてみよう!

　自分にとっての外国語である英語で仕事をするのは、言語面でのチャレンジが常につきまといます。そこに加えて機材や手続きのトラブルが生じたら、多かれ少なかれパニックになることでしょう。そんなときは、Where did we go wrong?（どこで操作を誤ったのでしょうか）と第三者に助けを求めてみましょう。自分自身よりも他人の方が自分の行動を冷静に見ている、というのはよくある話。　冷静に問題点を指摘してくれる人は、案外すぐ近くにいたりするものです。

　助けを求めるというと、Can you help me?（助けてください）と言いたくなりますが、手順や操作を確認するような状況で用いると、相手もどうしたらいいかわからず、お手上げになってしまう場合も。間違いがあれば指摘してほしいことを伝える場合は、ダイアログの言い方がいいでしょう。

これもOK!

Did you notice any of my mistakes?
私の間違いについて何か気がつきましたか?

どこで手順や操作を間違えたのかわからない場合は、近くの人にこのように聞いてみるのも一手です。

> 手順の違いを発見するため、最初からやり直す方法も。そんなときにぴったりなのが、Let's start it again from the beginning.（もう一度最初からやってみよう）という言い方です。併せて覚えておきましょう。

プラスワン!

I wonder if we went wrong anywhere.
どこで手順を間違えたのでしょうか。

頭に I wonder if を付けることで、より落ち着いて、冷静に現状を分析したいニュアンスになります。

◁))
036

I might have misheard you.

聞き間違いかもしれません。

〈オンラインで〉

> マサ **Kazu-san, I have a question. Where can I find a large format printer?**
>
> カズさん、質問です。大型プリンターはどこにあるかわかりますか?

> カズ **I'm not sure… But, we can ask Andy. He will help us for sure.**
>
> わからないなあ……。でも、アンディに聞いてみようか。きっと力になってくれるよ。

> マサ **Sorry, I might have misheard you. Did you say Anri?**
>
> すみません、聞き間違いかもしれません。アンリとおっしゃいましたか?

> カズ **Andy. He works in procurement, and he will help us for sure.**
>
> 「アンディ」だよ。彼は調達課だから、力になってくれると思って。

" mis + hear " で「聞き間違い」は、覚えやすいね!

　聞き間違いの可能性がある場合の定番フレーズは I might have misheard you.（聞き間違いかもしれません）です。mishear（過去分詞形＝ misheard）は、hear に mis（＝間違う）がくっついた形ですので、そのまま「聞き間違い」というふうに捉えると覚えやすいですね。

　またダイアログのような状況の場合、Sorry, I thought you said " Anri " would help us.（すみません、"アンリ"が力になってくれるとおっしゃったのかと思いました）と、聞き間違いの原因を明らかにする言い方もおすすめです。これにより、相手は話す際にはその単語や名称に気をつけて発言しようと、改善を試みてくれることが期待できます。

> 電話やリモート会議では、音声の不具合などにより聞き間違いが生じがち。修正する努力を欠かさないようにしましょう。

Could you say that again?

もう一回言ってください。

この表現は聞き返しを求める際には役に立つ表現です。しかしながら、ダイアログのように、聞き間違えたことがコミュニケーション上の問題であることが明らかな場合には、この表現では事足りない場合があります。

I was wondering, did you say Andy or Anri?

疑問に思ったのですが、おっしゃったのは " Andy " ですか、それとも " Anri " ですか?

ダイアログの例のように、Andy や Anri のように音が似ている単語（特に似ている名前）の場合、聞き間違いがよく起こります。あらかじめ似ている名前の同僚など、聞き間違いの選択肢が明らかな場合には、このように聞いてみるといいでしょう。

Could you email me later?

037

後でメールをいただけますか?

〈オンラインで〉

Tracy **Masa, if you have any anxiety about this, please don't hesitate to let me know, OK?**

マサ、もしこの件について何か不安があるなら、遠慮せずちゃんと教えてね?

マサ **OK. Well, I'm not sure if I understood this properly. Could you email me later, for a follow-up?**

はい。あの、この件をちゃんと理解できているかどうか確信がもてないです。フォローアップのため、後でメールをいただけますか?

Tracy **Sure, I will.**

もちろん、そうしますよ。

マサ **Thanks for your support.**

サポートしていただきありがとうございます。

理解できたか不安なときは、フォローアップを頼むと安心だね

　リモート、対面に関わらず、込み入った会議の内容は、仮に母国語であっても、理解が追いつかない場合も少なくないでしょう。ましてや話されている言語が外国語だった場合はなおさらです。そんなときは、内容をまとめたものをメールで送ってもらうなどのフォローアップを求めるのが得策です。フォローアップの定番はeメールで、定番の表現は Could you email me later? です。ここでのemail は動詞で「eメールを送る」という意味でそのまま使えます。

「テキストメッセージを送る」という場合には text me と、こちらも動詞で使うことができます。

Could I request a follow-up by email?
Eメールでのフォローアップをお願いできますか？

フォローアップをお願いする際は、少しへりくだった言い方がベター。そんなときは Can you ～ / Could you ～？ よりも丁寧な言い方とされる Could I ～？（相手の許可を求める際のフレーズ）を使うようにしましょう。ここでの email は名詞です。

これはNG!

By email me, please?
Eメールでお願いできますか？

このようなお願いの仕方をすると、相手の負担になる場合もあります。フォローアップなどをお願いする場合は、相手への気遣いを感じさせる言い方をしましょう。

038

🔊 038

I'll remind you of the deadline later.

後ほど締め切りについて再度お知らせしますね。

〈オンラインで〉

Tracy **Masa, how did you find the meeting today?**
マサ、今日のミーティングはどうだったかしら?

マサ **Oh yes, that was very informative. I learnt a lot of things from the meeting.**
はい、大変実りの多いものだったと思います。ミーティングからいろいろなことを勉強しました。

Tracy **When did you say the deadline is for the goodbye messages for Akiko, by the way?**
そういえば、亜紀子のお別れメッセージの期限はいつだって言ってたっけ?

マサ **It's by the end of this month. I'll remind you of the deadline later, by email.**
今月末です。後ほど締め切りについて再度お知らせしますね、メールで。

情報伝達を確実にするためには
リマインドが有効だね

　会議の際、締め切りなどの情報については、リマインドをしておく方がより安全です。特に、by the end of this month（今月末まで）のような「具体的な日付」ではない締め切りの場合は、人間の記憶に強く残りづらいことも。そのようなときには、I will remind you of the deadline later.（後ほど締め切りについて再度お知らせします）などの表現で、リマインドを申し出るといいでしょう。〈 remind 人 of 情報 〉という形で使うことが多いので、覚えておきましょう。

これもOK!

Let me remind you that the deadline is by the end of this month.

締め切りは今月末であることを再度通知させてください。

remind という動詞は、フォーマルな発言の場合には that 節を取ることができます。特にリマインドする内容が込み入っているときなどには、この形を使った言い方の方が、よりプロフェッショナルな印象を与えることができます。

これはNG!

I already told you about the deadline.

すでに締め切りについてお伝えしていたと思いますが。

日本語でよくある言い方として、「すでにお伝えしていたと思いますが（よろしいでしょうか）」などの前置きをすることもありますが、これでは話がこじれてしまう場合も。一回の会議で全員が情報を完璧に共有できると思わず、適宜リマインドするのが◎。

> 英語は低コンテクスト（文脈）の言語ともいわれています。1回のアナウンスで全員にわかってもらおうと思わず、リマインドする習慣をつけましょう。

039

That sounds like a plan.

それはいい案ですね。

| Tracy | It is recently getting harder to organize a casual get-together due to the recent pandemic. |

最近ではパンデミックのせいで、カジュアルな会を企画することも難しくなってきているわね。

| マサ | Yes, that's right. |

そうですね。

| Tracy | Well, how about grabbing lunch for just three of us, before Akiko finally leaves here? |

さて、亜紀子がここを離れる前に、3人でランチをするというのはどうかしら?

| マサ | Oh, **that sounds like a plan.** |

あぁ、それはいい案ですね。

賛成を表す表現はいろいろあるんだね!

　相手の意見やプランに、賛成・同意することを伝えるとき、Yes, Sure, Of course など、つい同じ表現を使ってしまいがちです。しかし、表現にバリエーションがないと、会話も単調になってしまいますね。そこでバリエーションに加えてほしいフレーズが、ここで紹介する表現。日本語でも、「それはいい案だね」、という言い方をする場合がありますが、それに相当する表現です。決して「それは一つの案だね（他にもあるけど）」、というような意味の消極的なニュアンスではありません。

Oh, good idea. Let's go with your plan.

それはいいですね、あなたのプランでいきましょう。

go with 〜 という表現は、この訳語からもわかるように「〜でいこう」という意味で、何かの方針が固まった際などに合う言い方です。たとえば、ランチのメニューを決める際に「パスタにするよ」と言う場合は I'll go with pasta. という言い方をします。比較的カジュアルな意思決定の際に使いやすい表現です。

これはNG!

That's very nice.

とてもいいですね。

日本語の訳語だけを見れば、相手の意見に賛成・同意をしているような表現に聞こえますが、実はこの nice という表現、どこかそっけない表現に聞こえる形容詞です。その案に積極的であると言う場合には nice ではなく、That's great.（すばらしいですね）を用いるのがベター。

> nice は、日本語の「いいですね」に相当するような前向きな表現ではないので、注意をしましょう。

040

Do you have your laptop with you?

ノートパソコンはお持ちですか？

マサ **Tracy-san, what time are we going to leave the office this afternoon?**

トレイシーさん、午後は何時にオフィスを出ますか？

Tracy **Oh, thanks for reminding me. Well, how about 1:30? Is that too late?**

あぁ、リマインドしてくれてありがとう。1時半でどう？　遅すぎるかしら？

マサ **Okay, that sounds like a plan. Do you have your laptop with you, by the way?**

はい、大丈夫です。ところで、ノートパソコンはお持ちですか？

英語でのコミュニケーションでは、どんなことも確認することが大切!

　外出先にノートパソコンを持参することはよくありますが、いざ使おうと思ったら入れ忘れていた、なんてことになると大パニックです。同行者がいる場合、お互いに必要なものを持っているかどうかを確認し合うことは、特に英語では重要です（相手を信用していないということではなく、自分の責任を果たすという意味合いです）。「～を持っていますか？」は、Do you have ～ ? という表現を使うのは周知の通りですが、ダイアログのようなシチュエーションでは、最後に with you を添えると、「今、この場で～を携帯していますか」というニュアンスがしっかり出ます。ちなみにノートパソコンは、a laptop PC（膝の上において使うパソコン）という言い方をするのが一般的です。

これもOK!

Tracy-san, please make sure to bring your laptop PC with you.

トレイシーさん、ノートパソコンを必ず持ってきてください。

「携帯している」という考え方を「持っていく」と捉え直して、動詞の bring を使っても効果的です。このときもダイアログ同様、with you を一緒に使うことにより「この場で～を携帯している」というニュアンスを強く出すことができます。

これもOK!

Just curious, have you got your laptop computer with you now?

気になったのですが、今、ノートパソコンはお手元にお持ちですか？

ノートパソコンを今携帯しているか、ということを念押しするための表現です。have got は、have とほぼ同じ意味ですが、少しフォーマルな言い方になります。また、文末に now を置くことで、「今この場でもっていますか？」ということを強調する意味合いが生まれ、リマインダーの役割を果たすことになります。

> with you を添えることで、「今この場で持っているのか」という確認ができます。

041
041

Can he use that tablet PC?

彼にそのタブレットPCを使ってもらうのはどうですか？

| Tracy | **Kazu, is there anything wrong with your computer?** |

カズ、何かパソコンのトラブルがありましたか？

| カズ | **Well, there seems to be something wrong with the cloud storage service.** |

ええと、クラウドのデータ保存サービスに問題が起こっているようです。

| マサ | **Tracy-san, can he use that tablet PC, for the presentation?** |

トレイシーさん、プレゼンのために、彼にそのタブレットPCを使ってもらうのはどうですか？

| Tracy | **Good idea.** |

そうね。

本人に余裕がないときは、第三者を介して提案するといいね

何かの提案をするときに、本人が立て込んでいて、直接提案することが難しい場合もあります。そのような場合には、より発言権の強い人に提案して、そちらから提案をしてもらうことが効果的な場合があります。その際は、Can you ～？、Coud you ～？ のように本人に直接提案する言い方ではなく、he や she などの代名詞を活用するのがポイントです。

> トラブルに直面しているカズ先輩に、新人のボクが改善案を提案しても、耳に入りづらいよね。そんなときは、上司であるTracyさんに提案し、Tracyさんからカズ先輩に指示してもらうのが効果的、ということなんだね。

これはNG!

He has to use that tablet PC.

あのタブレットパソコンを使わないといけません。

代替案を示す際には、have to / has to のような義務を表す表現を使うと、少しニュアンスが強すぎる場合があります。このような表現を使ってしまうと、それ以外に選択肢がないかのような印象を与えてしまうことも。

プラスワン！

Would it be possible for him to use that tablet PC instead?

彼があのタブレットPCを代わりに使うのは可能でしょうか？

仮主語の it を使った表現です。would という助動詞を使うことで、「もし～だったとしたら」という 婉曲的なニュアンスになります。また、possible（可能である）という意味の形容詞を使うことによって、相手にお伺いを立てているような聞き方になります。

> 相手に余計な心理的負担をかけずに提案したいと思ったときは、このような表現がベター！

042

Can I possibly use the free Wi-Fi here?

もしかして無料のWi-Fiがありますか？

Tracy | I think we learnt an important lesson from this trouble-shooting experience.

今回のトラブル対応から重要なことを学んだと思うわ。

カズ | Yeah, we all need to be prepared enough before actually doing a presentation. Sometimes cloud storage service is not reliable.

そうですね、プレゼンの本番前にはきちんと準備をしておかなければなりませんね。クラウドの保存サービスには頼れない場合もありますから。

マサ | That's right. **Can I possibly use the free Wi-Fi here,** to download the file just in case?

そうですね。もしかして、無料のWi-Fiがありますか？ 念のため（プレゼンの）ファイルをダウンロードしておいた方がいいと思いまして。

一歩引いた控えめな提案のしかたを覚えよう!

　提案というものは、毎回100％の確証をもって行われるわけではありません。相手の出方をうかがうために提案の形をとることもあります。

　そのような場合には、Can I possibly ～? という形をとるとよいでしょう。possibly（もしかして～、可能ならば～）という副詞を添えることで、少し控えめに提案をしているようなニュアンスを出すことができます。

　控えめに提案しなければならないシーンでは、お馴染みの let's を使った言い方はNG。let's は実は命令形の表現。 Let's use the free Wi-Fi here.（無料のWi-Fiを使いましょう）などと提案してしまうと、上司風を吹かせているように聞こえてしまうこともあるので、避けた方が無難です。

> 自分の提案に確証がないときなどには、Can I possibly ～? を使うと、少しソフトなニュアンスになります。

これもOK!

Is there any free Wi-Fi available here?
無料のWi-Fiが使えるのでしょうか。

主語を人ではなく、there などの仮主語に置き換えた言い方。より客観的（控えめ）に提案をしている印象を与えることができます。

プラスワン!

How does that sound to you if I suggest using a free Wi-Fi service?
もし無料Wi-Fiサービスを使うことを提案したら、それはどうでしょうか。

「これもOK！」の例文と同じく、主語を人ではなく、無生物の that に置き換えた形です。 sound という動詞を使うことで、「～をしたらどうですか？（ if 以下の提案）」という控えめな提案のニュアンスが強調された、よりフォーマルな言い方です。

043

I'm sorry, it won't happen again.

すみません、以後このようなことのないようにします。

Tracy | **For our next face-to-face presentation, we must prepare handouts as a backup strategy.**

次の対面でのプレゼンテーションでは、バックアップのために配布資料を準備しておかないといけませんね。

マサ | **Yeah, things are becoming more convenient thanks to the Internet, but at the same time, we often face small problems.**

はい、インターネットのおかげでどんどん便利な世の中にはなってきていますが、その反面、小さな問題にも直面しますから。

カズ | **I'm sorry, it won't happen again.**

すみません、以後このようなことのないようにします。

Tracy | **No, it wasn't your fault.**

いいのよ、あなたのせいじゃないんだから。

責任感を感じさせる英語での謝罪表現を覚えよう!

　トラブルなどが起こってしまった場合に、誠心誠意、謝罪する姿勢は、社会人として大切です。しかし、日本語と英語の文化では、謝罪の際の価値観が根本的に違うことを知っておきましょう。p.47でも述べたとおり、日本のように、平謝りをすることが必ずしも誠意として受け取ってもらえるわけではないのです。

　It won't happen again.（二度とこのようなことのないようにします）は、謝罪の際の定番表現です。 そのまま訳すと、「この状況は二度と起こりません」となり、他人事のようで少々無責任な発言にも聞こえなくもありませんが、英語圏では非常に責任感のある謝罪表現です。

　反対に、I'm sorry, I won't do it again.（すみません、もう二度と致しません）のような言い方は、日本人的なマインドセットでは「平謝り＝責任感を果たしたい」という誠意の表れに感じられるかもしれません。しかし、英語圏では、自分の責任の範囲を理解せずに「形式的に謝っている」ように捉えられてしまう可能性があります。

これもOK!

I promise you, it won't happen again.

二度とこのようなことが起こらないように、お約束いたします。

I promise you（お約束します）のひと言を冒頭に足すことで、日本人のマインドセット的にも、より使いやすい表現に感じられるかもしれません。

> swear（誓う）という言葉を使うと、誠意がより強調されます。

プラスワン!

My apologies, I will make sure it won't happen again.

申し訳ありません、二度とこのようなことが起こらないようにいたします。

フォーマルな謝り方です。 make sure ～（確実に～する）という表現を使うことにより、さらに誠意が感じられます。文頭の My apologies は、フォーマルな謝罪をするときの「枕詞」のような表現ですので、一緒に覚えておきましょう。

044

Can we perhaps postpone the meeting until late evening?

ミーティングを夕方の遅い時間まで延期することはできないでしょうか?

| マサ | Tracy-san, people in accounting just told me that the third-quarter settlement won't be ready until this evening. |

トレイシーさん、経理課の人が第3四半期の決算報告は今日の夕方で準備が整わないという連絡をくれました。

| Tracy | Is that so? |

そうなのですか?

| マサ | ... Well, **can we perhaps postpone the meeting until late evening?** |

…えっと、ミーティングを夕方の遅い時間まで延期することはできないでしょうか?

| Tracy | Well, yeah, looks like we have to. |

そうね、そうするしかなさそうね。

提案をするときは、相手とのチームワークを強調するといいね

提案を切り出しづらい状況では、自分とその提案をする相手のチームワークを強調するというのも一手です。その際ポイントになるのが、代名詞 we の使い方。we は「私たち」という意味ですが、実は二つの可能性があります。ひとつは、「私とあなた」という話し手と聞き手を含む場合で、これは inclusive we と呼ばれます。もうひとつは、「あなた（聞き手）を含まない、私たち」という使い方で、これは exclusive we と呼ばれます。

日本人のマインドセットでは、exclusive we の使い方は比較的慣れがあるものの、inclusive we の方には苦手意識があるようです。頼みづらい依頼こそ inclusive we を用いて自分と相手のチームワークを強調し、「一緒に打開策を考えたい」というニュアンスを強調すると効果的です。

> perhaps（たぶん）という副詞を使うことで、語気が強くなりすぎず、相手への配慮が感じられる言い方になります。

これはNG!

Please postpone the meeting until later.

後ほどまでミーティングを延期しましょう。

please を使うと、どこか命令口調になります。直接的な言い方が必要なケースもありますが、ダイアログのような状況でこの表現を使うと、答えを焦っているような印象を与えてしまうので、避けた方がよいでしょう。

プラスワン！

Is there perhaps any possibility for us to postpone the meeting until later?

後ほどまでミーティングを延期する可能性はありますか。

主語を人以外にすることによって、より客観的な観点から提案できます。また、we の目的格 us を使うことにより、inclusive we と同じようにチームワークを強調する効果が狙えます。

045

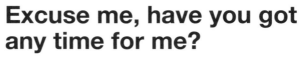

Excuse me, have you got any time for me?

すみませんが、お時間よろしいでしょうか？

マサ	**Excuse me, have you got any time for me?**

すみませんが、お時間よろしいでしょうか？

Tracy	Sure thing, Masa. Hang on a second. So, what can I do for you?

もちろんよ、マサ。ちょっと待ってもらえる。で、どうしたの？

マサ	Would it be possible for you to check my report?

私のレポートをチェックしていただけますか？

Tracy	Understood. Please send it to me as an attachment.

了解よ。添付ファイルで私に送ってもらえるかしら。

時間を割いてもらうときは、最大限の配慮が必要だね

　仕事で話を切り出すときの定番フレーズ「お時間、よろしいですか」は、英語では Have you got any time for me ? です。直訳すると、「私のための時間がありますか？」です。前置詞の for は、ここでは「～のための」「～に与えるための」というようなニュアンスを表しています。

　「お時間、よろしいですか」と伝えようとすると、Do you have the time? と言ってしまう人もいるかもしれません（p.30）。しかし、この表現は「時間がわかりますか」という意味。注意しましょう。

> 時間を割いて何かをしてもらう、ということは、相手に多かれ少なかれ負担をかける行為。最大限の配慮が必要です。

これもOK!

Have you got time to spare for me?

私のために割いていただけるお時間はありますか？

動詞の spare は、「～のために時間を割く」という意味。また、〈spare 人 時間〉の語順を使うこともできます。たとえば、Could you spare me a few minutes? （私に数分お時間を割いていただけますか？）という表現も、ほぼ同じ使い方ができます。

プラスワン!

I wonder if you are available for a second.

少しお時間の都合よろしいでしょうか？

I wonder から 始める依頼は、相手にとても丁寧な印象を与えます。相手の時間をもらうことは、相手にストレスをかけることも。プロフェッショナルを目指すなら、このような丁寧な依頼のしかたを覚えておきましょう。

Chapter 2 | **Let's Review**

🔊 097

Chapter 2 のフレーズを振り返ってみましょう。

☑ **Hello, this is Yamagata speaking.**

もしもし、山縣です。

➡ 023 p.70

☑ **May I speak to Tracy please?**

トレイシーさんをお願いできますか？

➡ 024 p.72

☑ **Hang on a second, please.**

少々お待ちください。

➡ 025 p.74

☑ **I'm sorry he is out now.**

すみません、彼は今席を外しています。

➡ 026 p.76

> Do you want him to call you back?（折り返させましょうか）もセットで覚えておけば完璧！

☑ **I'll get back to you later.**

後で折り返します。

➡ 027 p.78

☑ May I have your extension, please?

内線番号を教えてください。

➡ 028 p.80

☑ Thanks for your call.

お電話ありがとうございました。

➡ 029 p.82

☑ Can you hear me well?

私の声がよく聞こえる?

➡ 030 p.84

☑ You sound a little bit choppy now.

今、音が少し途切れています。

➡ 031 p.86

☑ You're on mute now.

ミュートになっています。

➡ 032 p.88

> 音声を確認するフレーズを覚えておけば、
> いざというとき慌てないで済みます。

☑ Can I share my screen?

画面共有してもいいですか?

➡ 033 p.90

☑ Could you share the file with me later?

後ほどファイルを共有してくださいますか?

➡ 034 p.92

☑ Where did we go wrong?

どこで (操作を) 間違えたのでしょうか?

➡ 035 p.94

☑ I might have misheard you.

聞き間違いかもしれません。

➡ 036 p.96

☑ Could you email me later?

後でメールをいただけますか?

➡ 037 p.98

☑ I'll remind you of the deadline later.

後ほど締め切りについて再度お知らせしますね。

➡ 038 p.100

☑ That sounds like a plan.

それはいい案ですね。

➡ 039 p.102

賛成の意を伝える大人の言い方が
これ。ビジネスの場にぴったりの
フレーズです。

☑ Do you have your laptop with you?

ノートパソコンはお持ちですか？

➡ 040 p.104

☑ Can he use that tablet PC?

彼にそのタブレットPCを使ってもらうのはどうですか？

➡ 041 p.106

☑ Can I possibly use the free Wi-Fi here?

もしかして無料のWi-Fiがありますか？

➡ 042 p.108

☑ I'm sorry, it won't happen again.

すみません、以後このようなことのないようにします。

➡ 043 p.110

> 必ずおさえておきたい謝罪表現の定番。
> 英語圏では責任感のある表現です。

☑ Can we perhaps postpone the meeting until late evening?

ミーティングを夕方の遅い時間まで延期することはできないでしょうか？

➡ 044 p.112

☑ Excuse me, have you got any time for me?

すみませんが、お時間よろしいでしょうか？

➡ 045 p.114

Chapter 3

社内会議、プレゼン

もうすぐプレゼンだ、
緊張するなあ。

Take it easy, Masa.
フレーズが大切なのはもちろんだけど、
話し方のテクニックも大きいよ。
マジックナンバー3 (p.137) の
テクや助数詞を活用しよう!

046

046

What time are we starting the meeting today?

今日は何時からミーティングを開始する予定ですか?

Tracy | **Masa, looks like you are working really hard on your presentation materials.**
マサ、プレゼンの資料の準備、がんばってるわね。

マサ | **Yes, I always need to prepare thoroughly.**
はい、いつもしっかり準備をしなければ、と。

Tracy | **You are always so diligent. Looking forward to your presentation today.**
いつも勤勉ね。今日のプレゼン楽しみにしているわ。

マサ | **What time are we starting the meeting today,** by the way?
ところで、今日は何時からミーティングを開始する予定ですか?

Tracy | **We are starting the meeting at 11:30.**
11時半に始まるわよ。

既に決まっている予定は、
現在進行形の形で表すよ

ここからp.129までは、未来形の表し方を見ていきます。

be動詞 + 〜ing形を用いた「現在進行形」は、中学校英語にも登場する、いわば「お馴染みの表現」の一つです。このダイアログにも be動詞 + 〜ing形が含まれていますが、文脈から「今〜している」という意味で使われているわけではないことは明らかです。ビジネスの場面では、スケジュールとして既に組み込まれている事項、つまり「既に予定されている未来」を表現するときに、be動詞 + 〜ing 形を用います。

ミーティングの開始時間を聞くとき、What time is the meeting? という表現が思い浮かぶ人もいるでしょう。しかし、ビジネスの場面でこのような聞き方をすると、どこか不躾な印象を与えてしまいます。また言い方によっては「スケジュール管理に無責任な人」といった印象を与えてしまう場合があるので、注意しましょう。

これもOK!✧

What time is the meeting starting today?

今日は何時からミーティングが始まりますか?

ダイアログでは主語に we という人称代名詞を使っていましたが、このフレーズの主語は the meeting です。このように無生物の主語を用いることにより、スケジュールについてより冷静（客観的）に聞いている印象を与えることができます。

プラスワン!＋

What time are we supposed to start today's meeting?

今日のミーティングは何時からスタートすることになっていますか?

時間などを確認したい場合に、be supposed to 〜（〜することになっている）という表現を使うことができます。かしこまった言い方になります。

> ややフォーマルな言い方として、
> 併せて覚えておきましょう！

047

Where does the meeting take place?

どこでミーティングが行われるか知っていますか?

カズ | **Hey, how's it going? Are your presentation handouts ready?**

どう、順調かい? プレゼンの配布資料の準備は終わった?

マサ | **Of course, Kazu-san. Thank you very much for your help.**

もちろんですよ、カズさん。 手伝ってくださってどうもありがとう。

カズ | **Oh, my pleasure. Well, where does the meeting take place, by the way?**

いや、どういたしまして。 ところで、どこでミーティングが行われるか知っていますか?

マサ | **Room 1404.**

1404 会議室です。

オフィシャルなスケジュールを述べるときは、現在形を使うといいね

　Where does the meeting take place? という表現は、3人称単数の does が付いていることから、明らかに「現在形」の形であることがわかります。しかし、p.122同様、現在形で未来のことを表しています。p.122と比べると、こちらの方がもう少し「オフィシャルなスケジュール」として、すでに予定がおさえられている状況です。たとえば、「オフィシャルにその部屋をおさえている」「機材をしっかり予約している」など、より確定していることを述べるときに使います。

これもOK!✧

Could you tell me where we will hold a meeting this afternoon?

午後はどこでミーティングを開催するか教えてくださいますか?

Could you ～? の形を用いた、依頼の疑問文として使っているパターンです。ビジネスシーンで使えるフォーマルな表現です。この形にする場合は、しばしば will を伴います。

> hold a meeting は熟語で、「会議を催す」という意味になります。

プラスワン!+

Which meeting room did we plan to use again?

どちらのミーティングルームを使うはずでしたっけ?

現在形を使うことで「確定的」となりますが、相手が目上の人だった場合などには少しきつく聞こえてしまうことも。その際には、過去形と、plan, want, hope, intend など、予定や希望などを表す動詞を併用するのがおすすめです。過去形だからといって過去の話をしているわけではなく、むしろ「～の予定でした」「～するつもりでした」などのような丁寧なニュアンスになります。

048

How many will be attending today's meeting?

今日のミーティングは何人参加しますか?

マサ	**Tracy-san, can I ask you a question?**
	トレイシーさん、お尋ねしたいことがありまして。

Tracy	**Sure thing, Masa. Yes, how can I help?**
	もちろんよ、マサ。どうしたの?

マサ	**How many will be attending today's meeting?**
	今日のミーティングは何人参加しますか?

Tracy	**I think 10 will.**
	10人だと思うわ。

マサ	**Alright. Then, I'll prepare 12 sets of handouts, just in case.**
	わかりました。では念のため、配布資料は12セット用意しますね。

強い希望を表現するときは、未来進行形を使うよ

今回の未来形は、「〜するつもりだ」という「確信的な意志」を表すパターンです。まず、助動詞の will が使われていることに目がいくでしょう。未来形の代名詞的な表現ですので、この助動詞を使い慣れている人は多いようです。ここで着目したいのが、単純な will attend ではなく、will ＋ be動詞＋ 〜ing形という未来進行形になっていること。

通常はこの未来進行形は、「未来のある時点で進行中の予定」を表す表現として教わります。しかしここでは、「確実性の高い未来」を表す表現となっています。ダイアログでは、配布資料を準備する都合上、どうしても参加者の人数を確実に知りたかったという、本人の気持ちが表れているということになります。

これもOK!

Do you know how many will be attending today's meeting?
今日は何人がミーティングに参加予定かわかりますか？

Do you know 〜？ で始めることで、相手の考えを聞きたいニュアンスが付与されるため、ビジネスシーンで使いやすい疑問文の形になります。

> how manyを使わず、Do you know the number of attendees?（参加者の人数がわかりますか？）という言い方もOK！

プラスワン!

I wonder how many will be attending today's meeting?
今日のミーティングは何人参加する予定なのかしら？

疑問文の代わりに、I wonder 〜 を使うと、語気がやわらかくなり、相手に回答のプレッシャーを与えないようなニュアンスが生まれます。特に、相手と知り合って間もないような状況では、このような形を使う方が無難です。

049

I hope it's going to be uneventful this afternoon.

今日の午後は大きな問題がないとよいのですが。

Tracy	**Are you ready for your presentation, Masa?**

マサ、プレゼンの準備はできた?

マサ	**Yes. ... I hope it's going to be uneventful this afternoon.**

はい、……今日の午後は大きな問題がないとよいのですが。

Tracy	**Come on! You'll be alright.**

ちょっと! あなたなら大丈夫よ。

カズ	**Yeah I think so, too. Just do your best, OK?**

僕もそう思うよ。プレゼンではベストを尽くしてね。

マサ	**Thanks, everyone.**

みなさん、ありがとう。

成り行き上の未来の予測のことは be going to で表そう!

　最後の未来形は、「今後成り行き上こうなる」という予測を示す表現の be going to です。これまで見てきた未来形とはニュアンスが異なり「これから、このようになる」と思われる未来の予測を表す場合は、will と並んでお馴染みの be going to という表現を使います。

　学校英語では、be going to と助動詞の will は置き換えが可能であると習いますが、実はその本質はかなり異なっています。助動詞の will は自分自身の「〜のようにするだろう」という意思を示すのに対し、be going to は「これから〜のようになる」という、いわば自分の意志とは関係ない、成り行き上の未来の予測のことを示します。

これもOK!

I am 100% sure everything's going to be alright.

100%すべてうまくいくと確信しているよ。

ダイアログでは、hope を使っていましたが、ここでは I'm (100%) sure いう枕詞を使っています。

> 「大丈夫だ」は、alright / all right という形容詞を使うことがあり、これはカタカナ語になっていますね。

プラスワン!

You've prepared enough, we are all confident that it's going to be smooth.

しっかり準備したし、スムーズにできるという自信があるよ。

こちらも be going to を使った表現です。枕詞に、we are all confidentという表現を使っています。また、主語を we とすることによって、チーム内の連帯感を高めることに一役買っています。緊張している同僚などに、この言葉をそっとかけてあげられたらかっこいいですね。

050

◁)) 050

Any idea what equipment is available?

どんな設備が利用できるかわかりますか?

マサ　**Tracy-San, I have a question for you.**
トレイシーさん、質問があるのですが。

Tracy　**Sure thing, Masa. How can I help?**
もちろんよ、マサ。どうしたの?

マサ　**Well, it's about the meeting room equipment. Any idea what equipment is available?**
えっと、会議室の設備についてなのですが。どんな設備が利用できるかわかりますか?

Tracy　**Oh that, I'm not sure, but I can check with Andy in procurement. I'm gonna check right away.**
それについてはよくわからないけど、調達課のアンディにきいてみるわ。今聞いてみるわね。

省略形で聞くことで、相手へのプレッシャーを軽くできるんだね

　この表現は本来、Do you have any idea 〜 という表現でしたが、それを省略したものと考えることができます。省略形を使うことにより、少しカジュアルな印象を与えることができ、相手へのプレッシャーを軽減する効果が期待できます。

　また、機材などを「使えるか」と聞くときには、use という動詞が浮かぶ人も多いですが、このようなシーンでは available という形容詞を使うのがおすすめです。 available を使うことで、状態を聞いている＝客観的な意見を求めている、という意味合いが強くなります。

これもOK! ✧

Have you got any information about what equipment is available in the meeting room yet?

どのような設備が会議室に備わっているか、何か情報お持ちですか？

ダイアログとは異なり、省略しない聞き方です。ここでは、Have you got 〜？ という現在完了形を使っていますが、Do you have 〜？ でもOK。一般的に、イギリス英語では have got を、北米の英語では have を好む傾向があります（p.134）。

> ダイアログの idea の代わりに、ここでは information という単語を使っています。

プラスワン! +

Could you help me find what equipment is available in the meeting room?

会議室ではどのような機材が使用できるか確認していただけますか。

help という動詞を上手に活用することで、「情報を得るのを手伝ってほしい」というニュアンスが伝わります。ビジネスシーンでは、とても効果的な依頼の仕方といえます。

051

Let's get down to business, shall we?

ミーティングを始めましょう。

Tracy **Alright everybody, are you ready?**
それではみなさん、準備はよろしいでしょうか？

参加者 **Sure.**
もちろん。

Tracy **So, let's get down to business, shall we?**
OK, so, thank you very much for coming to the
meeting. Today, a new member, Mr. Masayuki
Yamagata, is going to share his research about
the problems in this third quarter.
それではミーティングを始めましょう。本日はミーティングに参加してい
ただきありがとうございます。今日は、私たちの新しいメンバーである
山縣雅之が、第3四半期の問題について彼が調査したことをシェアい
たします。

リーダーシップを発揮したい場面では、let's という表現が有効なんだね

　会議を始めることを宣言するシーンで使われるフレーズです。p.109では、let's という表現は多少命令口調になるので、提案や依頼をする際には気をつける必要があるということを述べました。しかし、このダイアログのような強いリーダーシップを発揮しなければならない場面では、let's を使うことが有効に働いていることがわかります。どのような表現であっても、使いどころのツボを押さえておくことは、とても大切です。

これもOK!

So now, I'd like to start today's meeting.

それでは、今日のミーティングを開始したいと思います。

「ミーティングをスタートしていきましょう」と宣言するときは、このように直接的な言い方をすることも効果的です。 now という言葉を使うことで、全体への発言の助走となり、発言に勢いがつきます。

> I want to ではなく I'd like to を使うことで、より丁寧なニュアンスになります。

プラスワン!

Now is the time to get the engine started.

それでは今からエンジンをかけていきましょう。

直訳では上記の通りですが、「さあ、はじめましょう」というニュアンス。どちらかというとややカジュアルな場面での言い方になるので、フォーマルな言い方が求められる場では、ダイアログに登場する Let's get down to business, shall we? を用いるのがベター。

Have you got your handouts with you?

みなさん、資料はお手元にお持ちでしょうか？

Tracy	Alright, so first of all, Masa is going to give a presentation about the problems of the third-quarter settlement of our department.

それでは、まずはマサの方から、この部署の第3四半期決算の問題についてプレゼンしてもらいます。

マサ	Thank you, Tracy-san. Good morning, everyone.

ありがとう、トレイシーさん。みなさん、おはようございます。

参加者	Good morning.

おはようございます。

マサ	**Have you got your handouts with you?** Alright, so let's get started.

みなさん、資料はお手元にお持ちでしょうか？　それでは、始めていきます。

「持っているか」を確認するときは、完了のニュアンスを強調したいね

さあ、いよいよマサのプレゼン開始。まず、配布資料が行き渡っているかどうかを確認したいときの表現です。

英語の教科書では Do you have ～ ? は Have you got ～ ? に置き換えられるというような説明がよくされています。この2つは、ほぼ似たような意味で使われる表現ですが、実は聞き手に与える印象が少し異なっています。

Do you have ～ ? は「持っているか」ということをフラットに聞いている印象を与えるのに対し、現在完了形を使った Have you got ～ ? は既に行き渡っているかという完了のニュアンスが強調されます。従ってこのダイアログのように、「念押し」で確認したい場合などには現在完了形を使うと効果的です。

これも**OK!**

Is there anyone who hasn't got the handouts yet?

まだ資料が行き渡ってない方はいらっしゃいますか?

まだもらっていない人に焦点を当てた言い方。 there 構文を使うことによって、より客観的に、落ち着いて確認をしている印象を与えることができます。

これは**NG!**

You have your handouts, don't you?

資料はありますよね?

確認をする際などに使われる表現の代表例といえば、このような「付加疑問文」でしょう。しかし、これは「もうすでに資料をお持ちですよね」というニュアンスで、配られていることを前提に聞いている表現。大学の講義などではこのような言い方もあり得るのですが、ミーティングの場では注意した方がいいでしょう。

> ちなみに「付加疑問文」は、英語で tag questions と言います。

053

🔊 053

There are three things I'll be talking about.

3つ話したいことがあります。

マサ　OK, so, let me start my presentation.

それではプレゼンを始めていきましょう。

Today, I'm going to talk about the third-quarter settlement.

今日は、第3四半期の決算について話をしていきます。

In my presentation today, **there are three things I'll be talking about.** First of all, …

今日の私のプレゼンでは3つ話したいことがあります。まずは…。

プレゼンでは、ポイントを3つに絞って話すのが効果的なんだね

　プレゼンでは、重要なポイントを3つに絞って話すテクニックがよく使われ、これを英語では "magic number 3" と言います。

　ダイアログのように、まずは「大事なポイントが3つある」と、話のフレーム（大枠）を先に示します。これにより、特に外国語（英語）のプレゼンの場合は、聞き取りやすくなります。ぜひこのテクニックを活用してください。

> 「3」という数字は、人間の記憶に
> 最も残りやすいといわれています。

これはNG!

First, I would like to talk about …
まず、私がお話ししたいのは…

「まず最初に〜」という言い方も、英語のプレゼンではよく用いられます。日本語でも同じような言い方をするので、日本人のマインドセットにとっても、非常に使いやすい表現です。しかし、トピックが複数あるときは、このような話し方は効果的ではありません。ダイアログのように、まずは「3つポイントがあります」という始め方をする方がベターです。

プラスワン!

My presentation today has been divided into the following three points.
今日の私の発表は以下の3つのポイントに分けられています。

よりフォーマルな言い方です。 divide という動詞は「分ける」という意味ですが、これを受身形（be動詞＋過去分詞形）にすることで、「3つのポイントに分けられています」という意味合いになり、聞き手にとっては、より客観的な説明に感じられることでしょう。

054

Let me explain to you about the first topic.

最初のトピックについて説明させてください。

マサ Alright, so this is the outline of this presentation today.

それでは、これが本日のプレゼンテーションの目次になります。

OK, so now let me explain to you about the first topic.

それでは、まず最初のトピックについて説明させてください。

My first topic is the third-quarter settlement.

最初に取り上げる話題は第3四半期の決算についてです。

情報の整理には、
助数詞を使うことが効果的だね

　日本語でも英語でも、プレゼンをする際には、今から何を話すのかをしっかり示すことが効果的です。聴衆の関心を引きつけるだけでなく、自分の中で情報を整理しながら話を進めていくことができ、それは上手なプレゼンのテクニックだからです。

　英語のプレゼンの際、情報の整理に一役買うのが、「何番目」ということを示す first, second, third, fourthなどのような助数詞です。たとえば、パワポの目次と並行して、Let me explain to you about the first topic. などというような示し方をすれば、今どこを話しているかを、聞き手はフォローしやすくなります。

> 助数詞を使うことで、話の内容が自然と整理されるので、プレゼンでは積極的に取り入れましょう。

これもOK!

First of all, I would like to talk about the third-quarter settlement.

まず最初に、第3四半期の決算について報告いたします。

助数詞を冒頭に持ってくる方法もよくとられます。その際に使われる定型表現が first of all（まず最初に）です。単純に first / firstly などと言ってもいいのですが、このような形を使うと、さらにこなれた印象を与えます。

プラスワン！

To begin with, I'd like to share with you our third-quarter settlement.

まずはじめに、第3四半期の決算の報告をしたいと思います。

first of all の代わりに、to begin with（始めに）という表現を使うこともよくあります。助数詞のバリエーションの一つとして覚えておきましょう。

055

Please take a look at the pie chart on page 23.

23ページの円グラフをご覧ください。

マサ Alright everyone, now I am going to talk about the breakdown of our net profit in the third quarter.

それではみなさん、これから第3四半期の粗利の内訳についてお話しいたします。

Please take a look at the pie chart on page 23 of the handouts.

配布資料23ページの円グラフをご覧ください。

This pie chart describes the percentage of each profit source.

この円グラフはそれぞれの利潤のパーセントを示しています。

プレゼンでは、
グラフなどを用いながら話を進めるといいね

　プレゼンは、グラフやチャートなど、視覚に訴える資料を用いながら話を進めると効果的です。これは日本語だけではなく、英語でも同じです。

　外国語でプレゼンをする際、原稿を読み上げるスタイルをとる人も多く、このような視覚的効果への言及は上手にできないと思うかもしれません。確かに原稿を全く見ないでプレゼンするのは至難の技です。そのようなときは、キーフレーズだけは暗記してオーディエンスの顔を見ながら発言し、それ以外は原稿を見ながら話すスタイルをとるといいでしょう。

これも**OK!** ✨

If you take a look at the pie chart on page 23.

23ページの円グラフをご覧いただけたらと思います。

接続詞 if 〜（もし〜ならば）を使った言い方です。このような言い方をすることで、オーディエンスの「自発的な行動」を促し、目を向けてほしい資料へ視線を誘導することができます。

プラスワン！＋

The pie chart on page 23 of your handouts suggests the breakdown of net profit.

お手元の資料の23ページの円グラフが粗利の内訳となっています。

少しかしこまった言い方になります。主語を「23ページの円グラフ」（無生物主語）にすることで、より客観的にデータを示している印象が出せます。

　客観的に見てほしいデータに言及する際に
　使うと、効果的です。

　事実をしっかり伝えたいときは、
　無生物主語を使うといいんだね。

056

The thing is, our Tottori branch office faces a big problem.

要は、鳥取支社が大きな問題を抱えているということなのです。

マサ **Please look at this graph. This graph suggests that there was some kind of a financial problem happening this June.**

このグラフを見てください。このグラフが示すのは今年の6月に何らかの財務上の問題があったということです。

We investigated the matter and tried to figure out where the problem originally came from.

この件について調査し、もともとどこで問題が発生したのかを突き止めました。

The thing is, our Tottori branch office faces a big problem.

要は、鳥取支社が大きな問題を抱えているということなのです。

重要なポイントを示すときは、「要は」などの決めゼリフを用いると効果的!

プレゼンでは、グラフなどを用いて細々したデータを提示した後に、その内容の要約を示すというテクニックがよく用いられます。上手に要点をまとめることで、聴衆はプレゼンターの言っていることをスムーズに理解することができるのです。

その際の決めゼリフのような表現が、The thing is, ～ です。これは、「要は」「実は」というふうに訳される表現で、上手なプレゼンターはこれを「決め所」に盛り込み、効果的に活用しています。

これもOK!

So, my point is, our Tottori branch office now faces a big financial problem.

そこで私が言いたいポイントは、鳥取支社では大きな財務上の問題を抱えているということなのです。

my point is ～ という表現もよく使われます。ちょうど日本語の「ポイント」というカタカナ語の使い方とも似ているので、日本人のマインドセットでも使いやすい表現といえるでしょう。 my を the に変えて the point is, でもOK。

プラスワン!

I'd like to stress here that our Tottori branch office faces a big problem now.

鳥取支社は今、大きな問題を抱えているということをここで強調したいと思います。

少しフォーマルな言い方です。 stress は動詞として用いると「強調する」という意味。要点として「～であることを強調したい」と言う場合に、ぜひ使ってみてください。

ちなみに名詞の stress は、「強調」と「(日本語と同じ意味の)ストレス」の2つの意味があります。

057

Excuse me, can I ask a couple of questions?

すみません、2〜3個、質問してもいいですか?

マサ │ **So this is the end of my presentation, thank you very much. Do you have any questions or comments?**

私のプレゼンは以上です、ありがとうございました。何か質問やコメントありますか?

参加者 │ **Excuse me, can I ask a couple of questions?**

すみません、2〜3個、質問してもいいですか?

マサ │ **Yes, please.**

はい、どうぞ。

参加者 │ **OK, so as regards the pie chart you presented on page 23…**

それでは、23ページの円グラフについてなのですが…。

プレゼン後に質問するときの定型表現をおさえておこう!

プレゼンの後は、たいてい質疑応答に入りますね。質問はしたいけど、どのように切り出していいのかわからず、もじもじしてしまうということはありませんか。そんなときも定型表現を覚えておけば、スムーズに質問に入れます。その際に最も使われる言い方が、Can I ask you a question? です。質問が複数ある場合は、a question を some questions や a couple of questions などに置き換えます。

反対に避けたいのが、So, my question is, about the pie chart you presented on page 23…（それで、私の質問は、23ページで提示された円グラフについてです…）などのように、「私の質問は〜です」という言い方。相手の説明がわかりづらかったことを責めている、あるいは相手の意見を攻撃しているかのようなニュアンスが含まれてしまう場合があるからです。

これもOK!

Well, I have a few questions for you.

いくつかあなたに質問があるのですが。

ダイアログの表現とほぼ同じ頻度で、よく使われる質問の切り出し方です。for you という言葉を文末に置くことで、「あなたのプレゼンに関心があったので質問させてください」といったニュアンスが付加されます。

プラスワン!

Your presentation was very informative, but I want to clarify a few points.

ご発表はとても参考になるものでしたが、いくつか明らかにしたいことがあります。

質問に入る前に、「参考になりました」のような前置きをすると、相手に好印象を与える効果があります。informative の他、interesting（興味をそそる）, insightful（洞察的である）などの形容詞でもOK。

> 前置きを入れることで、プレゼンに興味があることを示せ、効果的な質問のスタートの仕方になります。

058

Thank you very much for your question.

ご質問をいただきありがとうございます。

参加者 | **Excuse me, I have a question about the handouts. You presented a pie chart on page 23.**

すみません、配布資料に関して質問があるのですが。23ページの円グラフになります。

マサ | **That's right.**

ええ。

参加者 | **So, item A here says 30%, so can you explain once again what this number means to us?**

ここのAの項目が30%となっていますね、この数値が私たちにとって何を意味するのかをもう一度説明していただけますか？

マサ | **Thank you very much for your question.**

ご質問をいただきありがとうございます。

前置きを入れると、
相手の質問に落ち着いて答えられるね

　質問を英語で受けるというのはなかなか緊張するものです。同時に、答えがすぐに浮かばないこともよくあります。

　そんなときおすすめなのが、「その質問をしてくださって、ありがとうございます」という前置きを入れること。このような言い方をすることによって、自分自身が質問に対して落ち着いて回答しようという心構えができます。さらに、回答する際の時間稼ぎにもなります。

　反対に避けたいのが、「すぐに質問に答えないと！」と焦って、Well, my answer is, the pie chart on page 23 suggests it ～（えっと私の答えは、23ページの円グラフを示すものは～）などと答えてしまうこと。このように回答することで、さらに焦りの気持ちが増幅してしまう場合も。

　自分自身を落ち着かせる意味でも、まずは「サンキュー」という前置きを入れることをおすすめします。

これもOK!

That's a very good question, thank you.

それはとてもよい質問ですね、ありがとう。

質問をしてくれたことを評価したり、感謝したりする定番の表現です。難しい質問をされたときこそ、まずはこのひと言で乗り切りましょう。

プラスワン!

Thank you for your question, but that's a very difficult question for me to answer.

質問いただきありがとうございます。しかし、それは私にとって答えるのが非常に難しそうです。

難しい質問に答える際の上級テクニックの一つです。まずは質問してくれたことに感謝し、その後に、その質問が難しい内容であることをその場で認めてしまいます。これにより、上司が同席しているようなシーンでは、助け船を出してもらえる場合もあります。

> このような言い方をすることで、自分自身へのハードルを下げるのはもちろん、落ち着いて質問に答えられます。

Could you elaborate on that a bit?

それを少し具体的に説明してくださいますか？

参加者 So, I thought, regarding the pie chart you presented on page 23 of the handouts, you might want to include more explanation about the SDGs.

それで、資料23ページで提示された円グラフについてなのですが、もっとSDGsに関する説明を加えた方がよいのではないですか。

マサ Excuse me, **could you elaborate on that a bit?**

すみません、それを少し具体的に説明してくださいますか？

参加者 Sure. Well, I mean, the loss you said we incurred as a result of this project was apparently influenced by our recent trend toward the SDGs.

もちろん。このプロジェクトの結果、私たちが被ったという損失については明らかにSDGsのトレンドが関係していますね。

具体的な説明をしてほしいときは " elaborate on… " で尋ねると◎!

　相手の質問の意図はわかったけれど、具体的に何を言わんとしているのか、いまいちつかみきれない。そんなときの上手な切り返し方です。

　相手の言っていることが込み入った話題である場合、一度聞いただけでは、その質問の深いところまで理解するのは難しいことがよくあります（これは英語に限った話ではなく、日本語のコミュニケーションでも同じですね）。このようなときは、その場しのぎに回答しようとするのではなく、相手の発言をじっくり理解する姿勢が大切です。知ったかぶりせず、elaborate on 〜（〜を具体的に説明する）を使った表現で、相手の意図を確認しましょう。

これはNG!

I beg your pardon?

すみません、もう一度お願いします。

理解できない原因が単語や文法の難しさではなく、相手の意図である場合、このような単純な繰り返しを求めるような表現は適切ではありません。

> 聞き返し方は、理解できない原因
> により変わってきます。

プラスワン!

So, corporate social responsibility is what you're trying to say now?

ということは、今おっしゃりたいことは企業の社会的責任について、ですね。

相手の言っていることがいまひとつ理解できない。しかし、それについて思い当たる事項があり、その事項との関係を聞き出せそうな場合には、このような聞き方が一つの打開策になります。「このようなことについておっしゃりたいのですね？」などと、確認を促す形で話を進める上級テクニックです。

060

I couldn't follow you about page 45.

45ページについて私の理解が追いつきませんでした。

参加者 **Thank you for your presentation. Well, can I ask one question?**

プレゼンをありがとうございました。質問してもよろしいですか?

マサ **Sure.**

もちろん。

参加者 **Sorry, I couldn't follow you about page 45. Could you say that again?**

すみません、45ページについて私の理解が追いつきませんでした。もう一度ご説明いただけますか?

マサ **Oh, what I meant to say is that it…**

私が申し上げたかったことは、それは…。

相手の話についていけないときは、follow という単語がぴったりだね

誰かのプレゼン内容や発言に対して、自分の理解が追いつかなかったなどの場合に、どのように相手に伝えればいいでしょうか。

「理解」を示す英語表現としては、understand という単語を思いつく人が多いことでしょう。しかし、understand は「腑に落ちる」というニュアンスをもった動詞。よって、相手の言っていることが単に理解できなかった場合に使うと、誤解を招いてしまいます。

たとえば、ダイアログの状況で、Sorry, I can't understand about page 45.（すいませんが、45ページについて理解できませんでした）と言ってしまうと、「理解が追いつかなかった」ではなく、「相手のロジックそのものが腑に落ちなかった」といったニュアンスになり、相手の意見を攻撃するような印象を与えてしまいます。ちょうど、日本語の「理解に苦しみます」のニュアンスが含まれてしまうからです。

相手の話に単についていけないような場合は、カタカナ語の「フォロー」のもとにもなっている follow という動詞を使うのが正解です。

これも**OK!**

Excuse me, but what are you trying to get at on page 45?

すみません、45ページでどのようなことを伝えたかったのでしょうか？

get (at) 〜は動詞で、「何かを伝える」「要点を得る」の意味で使われます。今回のケースでは、45ページの説明に関して、「どのような要点を得ようとしていたのですか？」というニュアンスで聞いています。

プラスワン!

Excuse me, could you give us more context about what you explained on page 45?

すみませんが、45ページでお話しされたことに関する、背景情報をもう少し説明していただけないでしょうか？

give more context は「背景情報を付け加えて述べる」という定型フレーズ。ある主張に対して、その背景知識を含めてもう一回説明をしてほしいという促し方は、理解が追いつかなかった場合の効果的な切り替えになるため、よりプロフェッショナルな質問の仕方です。

◁))
061

I agree with you on that point.

その点については賛成いたします。

Tracy | **Alright so ladies and gentlemen, now the floor is open to you. Anyone?**

それではみなさん、オープンに話し合いましょう。どなたか?

カズ | **Thank you for sharing your insights on the SDGs.**

SDGsに関する意見をシェアしていただきありがとうございます。

I agree with you on that point.

その点については賛成いたします。

But, I still have a different opinion about how we should deal with the SDGs in our project.

しかし、私はこのプロジェクトの中でSDGsをどのように扱うかということに関しては、異なる意見を持っています。

ディスカッションの場での賛成の言い方を覚えよう!

プレゼン後の全体のディスカッションの場で、ある人の意見に賛成だということを示したい場合は、agree（賛成する）を使って意思表示しましょう。

ポイントは、前置詞 with の後に賛成する相手を入れること。そして、相手の意見についての同意を示す際には、前置詞の on を置き、その後に述べます。

一方、おすすめできないのが、ディスカッションの場で、Yeah, I think so, too.（私もそのように思います）という言い方。非常に使いやすい表現ですが、誰に何を同意しているのかがはっきりしないため、ダイアログのようなオープンなディスカッションの場面では適切ではありません。

これもOK!

I am for your opinion that we should mention the SDGs.

私はSDGsについて言及するべきという、あなたの意見には賛成です。

「賛成する」を表すとき、前置詞の for を使うこともよくあります。ちなみに相手の意見に「賛成しかねる、反対である」ときは、前置詞の against を用います。

> 「私はSDGsについて言及するべきという、あなたの意見には反対です」は、I am against your opinion that we should mention the SDGs. と言うよ。

プラスワン!

I totally understand what you're trying to say about the SDGs.

SDGsについておっしゃりたいことについては、理解しています。

p.151ページにも登場した understand ですが、「腑に落ちる」というニュアンスをもつため、相手の意見に同意しなければならないシーンなどでは、使いやすい表現です。

> 非常に効果的な understand の使い方と言えます。

🔊 062

I don't think I can fully agree with you on that.

その件については完全には同意しかねます。

カズ **Excuse me, can I also say something?**

すみません、また発言してもよろしいですか?

Tracy **Go ahead.**

どうぞ。

カズ **About the interpretation of the pie chart on page 23 in connection with the SDGs.**

23ページの円グラフについてSDGsとの関連についての解釈なのですが。

Tracy **Ah-huh?**

ええ。

カズ **I don't think I can fully agree with you on that,** because…

その件については完全には同意しかねます、というのは…。

「同意しない」ことを示すときは、語気をやわらげる言い方をするんだね

相手の意見に「同意しない」場合の表現です。

不同意を示す際の日本語と英語の大きな違いは、日本語が反応的（ reactive ）であるのに対し、ネイティブスピーカーは主張的（ assertive ）であることです。

英語のネイティブスピーカーが不同意を示す際は、はっきり I disagree.（不同意です）ということを言っているのをよく見かけますが、実際のビジネスの場での言語の使い方を見てみると、全員がどんなときにも I disagree. と発言するわけではないようです。むしろ、不同意を示す際は、語気をやわらげるような表現を選択することが多いようです。

これもOK!

Excuse me, I cannot fully agree with what you said on page 23.

すみません、23ページでおっしゃっていたことについて完全に同意というわけではありません。

不同意を示す際の表現として、cannot fully agree というフレーズもよく使われます。これらの表現は部分否定ともいわれ、「すべて〜というわけではない」「完全に〜というわけではない」というニュアンスを示す表現です。

> 部分否定は、不同意の語気をやわらげるのに使いやすい表現です。

プラスワン!

I see your point. But I also disagree with you in that it contributes to the SDGs.

おっしゃりたいことはわかりました。しかしそれがSDGsに貢献するという点については私は不同意です。

上級者のテクニックです。まず同意の前置きとして、I see your point. と理解を示し、その後に、自分自身が不同意であると感じる部分がどこにあるのかを伝えます。in that 〜は熟語表現で、「〜という点において」という意味です。

063

◁)) 063

I have a rather different opinion about the matter.

私はその件については異なる考えをもっています。

Tracy | **Alight, so does anybody have anything else to say?**

では、他に何かおっしゃりたいことがある方はいらっしゃいますか?

マサ | **Excuse me, I have a rather different opinion about the matter.**

すみません、私はその件については異なる考えをもっています。

Tracy | **Oh yeah?**

ええ。

マサ | **Am I allowed to say something now?**

今、意見を言ってもよろしいでしょうか?

自身の意見が異なるときは
はっきりと主張することが大切!

ディカッションの場で、異なる意見を主張する際の効果的な表現です。

日本語圏は、「出る杭は打たれる」的な発想が根強いため、異なる意見を主張する際、なかなかその場では発言をしない風潮が強くあるのでしょう。

場の調和を重んじる日本語のコミュニケーションでは、それでうまくいくこともあるようです。しかし、英語ではその勝手が全く違います。英語では「自分自身の意見はみんなとは異なる」ということは、はっきり主張しなければなりません。異なる意見を黙っているのは、「その会議にいながら、貢献をしていない無責任な人」と捉えられてしまう可能性があるからです。

> 実は英語でも「出る杭は打たれる」という
> 諺があり、A nail that sticks out will
> be hammered in/down. と言います。

これもOK!

Well, my opinion is slightly different from everybody else.

私の意見は他の方々とは少し異なっています。

自分自身の意見が「周りと異なる」ことを伝える場合、それを恥ずかしいと思ったりせずに、このように明確に伝えることが大切です。 slightly は、「少し」「若干」という意味の副詞です。

これはNG!

If everybody else agrees, then I'm okay.

みなさんが賛成なら、私は大丈夫です。

日本人的な発想では、「他の人がいいなら、それで構いません」と言いたくなります。しかし、このような発言は実は逆効果。言いたいことがあるのにはっきり述べないのは、英語圏では「無責任な行動」と誤解されてしまうことが多いです。

064

Let's put this issue aside for now.

今はこの点はいったん横に置いておきましょう。

参加者 | **Well, the thing is, people keep coming up with lots of new expressions.**

つまりは、どんどん新しい表現が生まれてきていますよね。

Tracy | **Ah-huh.**

ええ。

参加者 | **But, this used to be called "corporate social responsibility", or CSR, as you know. However, now the term SDGs is used but basically, we're referring to the same thing.**

ご存知のように、以前は「企業の社会的責任」とか、CSRとかいわれていました。しかし、今はSDGsと呼ばれるようになりました。が、基本的には同じことですよね。

Tracy | **Alright, so let's put this issue aside for now. And let us tentatively conclude that…**

ええ、今はこの点はいったん横に置いておきましょう。暫定的な結論としては…。

話が脱線したときは、軌道修正しよう

込み入った議論になってきたけれど、その話は本筋とは関係ないのでいったんそれは置いておきましょう、と言うときのフレーズです。

ディスカッション、特に自由な意見交換の場においては、話が思わぬ方向にそれてしまうこともよくありますが、そのようなときは話の軌道修正をする必要があります。この軌道修正することを英語では、" back on track "と表現します。

効果的な軌道修正のための一つのテクニックとして、ダイアログの言い方を覚えておきましょう。

これも**OK!**

How about putting this to the side for now?
とりあえずこの件は横に置いておくのはどうですか。

ダイアログの let's の言い方より、少しやわらかいニュアンスになります。ダイアログの put this issue aside と ここの put this to the side は同じ意味です。

> 少しフォーマルな言い方をしたい場合は、How から始め、sound を使った次の言い方がおすすめです。
> How does that sound to you if I suggest putting this to the side for now?（こちらの件はいったん横に置いておくのはいかがですか？）

これは**NG!**

I think that's a secondary issue.
それは二次的な問題だと思います。

a secondary issue ＝二次的な話題、つまり「メインの話題ではない」という遠回しな言い方ですが、言い方によっては「相手の意見を軽んじている」ような印象を与えてしまいます。

> 議論を和やかに進めるためには、このような言い方は避けたほうが賢明なんだね。

Sorry, may I add something?

すみません、追加事項をよろしいでしょうか?

Tracy | **Alright, so let's conclude that we'll be dealing with issues regarding the SDGs more eagerly.**

結論として、今後SDGsについてももっと積極的に取り組んでいくということにしましょう。

カズ | **Sorry, may I add something?**

すみません、追加事項をよろしいでしょうか?

Tracy | **Sure.**

もちろん。

カズ | **In addition to the SDGs, we also have to think about mindfulness as a topic for the next workshop.**

SDGsに加えて、次のワークショップではマインドフルネスについて考えていくのはいかがでしょうか。

補足事項を伝えたいときの
効果的な切り出し方を覚えよう

忘れないうちに、何か補足しておきたい場合のフレーズです。

追加で話をしたいとき、日本人のマインドセットでは、「今、この場で話を切り出すのは最善だろうか」と、いわば空気を読んでしまいがちです。

そんなときは、いきなり話し始めるのではなく、最初に「付け足したいです」という意思表示をすると、ぐっと話しやすくなります。

Excuse me, I have something to add to that.

すみません、その件で付け足しがあります。

許可を求める表現 may I 〜 ? の代わりに、I have 〜 を使った言い方です。「自分には付け足す何かがある」と宣言する効果的なテクニックです。

プラスワン！

I wonder if it's possible for me to add something to that.

その件について補足する事は可能でしょうか。

I wonder if で始める言い方は、追加事項について少し控えめに言及したい場合にぴったりです。

このような表現を使うことで、自然に追加事項を提示することができますね。

I wonder if を使うと、英語上級者になった気持ちがするね。

066

Please let me confirm this minute point again.

この細かい点をもう一度確認させてください。

Tracy	**Alright so does anyone want to say anything before ending this meeting?**

ミーティングを終える前にどなたか何かおっしゃりたいことはありますか?

マサ	**Excuse me, Tracy-san?**

すみません、トレイシーさん。

Tracy	**Yes, Masa.**

はい、マサ。

マサ	**Please let me confirm this minute point again.**

この細かい点をもう一度確認させてください。

Tracy	**Alright, how can I help?**

ええ、どうしたの?

「細かい点」を表す言い方を覚えよう

　議事録などにまとめる際は、細かい点について確認をしておきたいですね。そのようなときに使える表現です。 minute は、名詞として使うと「分（ふん）」を表しミニッツ/ mínɪt と発音されますが、このように「微細な」「細かな」という形容詞になると、マイニュートゥ / mainjúːt と発音されます。細かい点などについて確認しておきたい場合には、ぜひ使ってみてください。

　ちなみに議事録などを英語でまとめなければならないとき、Do you think it's okay?（それで大丈夫だと思いますか？）などと、相手に聞きたくなります。しかし、確実にチェックしてもらうためには、「この細かい点を」などが入ったダイアログのような言い方が効果的です。

これもOK!

I'd like to make sure about one minor thing.

細かい点について確認させてもらいたいのですが。

ダイアログの minute は、minor という表現でもほぼ同じ意味になります。少しカジュアルな場面で使うと◎。

プラスワン!

Could you please take a look before I submit the meeting minutes?

議事録を提出する前に、目を通してもらえませんか？

英語で「議事録」は meeting minutes と言います。「分」の minute（ミニッツ / mínɪt ）や「微細な」という意味の minute（マイニュートゥ / mainjúːt）と混同しないように気をつけましょう。

> ここでの minutes は「分」と
> 同じ発音です。

Has anyone got anything else to talk about?

他に何か議題のある方はいますか？

Tracy ┃ **So, that's all I have prepared for today's agenda.**

本日準備した議題は以上です。

Okay, well, before ending, has anyone got anything else to talk about?

ミーティングを終える前に、他に何か議題のある方はいますか？

参加者 ┃ **No, that's all.**

いえ、以上です。

会議の最後は、プレッシャーを与えない表現をチョイス!

　ミーティングの最後に念押しとして、「他に誰か何か言いたいことはありますか、言い残したことはありますか」と確認するフレーズです。

　誰かを名指しするわけではなく、不特定の人に向けて、anyone という言葉を使い呼びかけています。また不特定の内容を表すということで、anything else という言葉を使っているのも効果的です。 Do you have anything else to say?（他に言うべきことはありますか）などの言い方でも通じないことはありませんが、このような状況では相手にストレスやプレッシャーをかけてしまうことも。不特定の人を表す anyone という表現を使うのがベストです。

> anyone は anybody でもOK。プレッシャーを与えないだけでなく、話をしたい人がいれば、その人の自発的な行動を促すことができる効果的な表現です。

これもOK!

Is there anyone who wishes to say anything else?

他に何かおっしゃりたいことがある方はいらっしゃいますか?

there構文を使った表現です。このような言い方をすることで、より客観的かつ、冷静に「どなたか何かおっしゃりたいことがある人はいますか」と問いかけているニュアンスが出ます。

プラスワン!

We can still accommodate a few more people for the final questions or comments.

最後の質問やコメントとして、あと2、3人お受けすることができます。

accommodate は、通常は「宿泊する」という意味で用いられる動詞ですが、この文脈では「受け付ける」というニュアンスで使われています。疑問文の形ではなく、肯定文にしていることで、冷静かつ、フォーマルな印象を与えます。

Let me summarize the most important point today.

今日の最も重要なポイントについてまとめます。

| Tracy | Alright, so that's all for what we wanted to talk about in today's meeting.

それでは、本日のミーティングで話したかったことは以上になります。

So **let me summarize the most important point today.**

それでは、今日の最も重要なポイントについてまとめます。

In our meeting today, we touched upon some issues regarding the SDGs, or the Sustainable Development Goals.

今日のミーティングでは、私たちはSDGs、つまり持続可能な開発目標について触れました。

要点をまとめるときは、「サマリー (summary)」の動詞形を使うといいね

会議などの最後に要点などをまとめる際の表現です。

要点をまとめたものを、カタカナで「サマリー」と言うのはお馴染みですね。このサマリー (summary) の動詞形が summarize で、「要点などをまとめる、要約する」などの意味で使われます。会議、ワークショップ、セミナーなどの締めに、司会者などが「本日の一番重要な要点をまとめます」と発言するときに使われます。

ちなみにダイアログのような場面で Today's points are 〜（今日のポイントは〜）という表現を使う人が多くいますが、この表現はどちらかというと会議の最初で使う表現です。サマリーの意味として使うと、奇妙に聞こえる場合もあるので注意しましょう。

> 会議のスムーズな司会進行のためにも、
> ぜひ覚えておきたい表現です。

これもOK!

I'd like to summarize a few points that I found most important today.

本日最も重要だと思った2、3個のポイントを要約したいと思います。

少し形式ばった言い方になります。find important という表現が登場しますが、「面白いと思う、重要だと思う」というような意味で使われる表現です。サラッと使えると、こなれた印象になります。

プラスワン!

I think there are three particularly important points in today's meeting. First of all, …

今日のミーティングでは３つ重要なポイントがあったと思います。まずは…

重要なポイント３つを、「ナンバリング」の方法を使って示すのも効果的です。もちろん、ナンバリングを使った後には、助数詞を使って情報の整理をしましょう(p.139)。

069

Many thanks for your time – much appreciated.

お時間をいただきありがとうございました。

Tracy | **Alright, ladies and gentlemen, that's all for today's meeting.**

みなさん、今日の会議は以上です。

It was a really long, long meeting but it was very fruitful as far as I'm concerned.

長いミーティングでしたが、私にとってはとても実り多いものだったと思います。

I would like to thank all of you for your keen attention and contributions. Many thanks for your time – much appreciated.

みなさんの素晴らしい集中力と貢献に感謝しております。お時間をいただきありがとうございました。

フォーマルな場での感謝の表現には appreciate がぴったり!

　会議の参加者に感謝を述べるフレーズです。

　感謝を述べる際のとても丁寧な表現にあたるのが、Many thanks for your time – much appreciated. です。 appreciate は、「感謝する」「正当に評価する」という意味の表現で、受動態的な使い方で用いられています。書き言葉の印象が強いですが、フォーマルなスピーチで使われることはよくあります。

　ちなみに Thank you so much. See you again.（ありがとうございました。さようなら）という言葉で締めくくる方法も悪いわけではありません。しかし、ややそっけない印象になってしまうこともあるので気をつけましょう。

これもOK!

Many thanks for your understanding and cooperation.

ご理解とご協力に感謝申し上げます。

thanks という言葉を名詞として使っています。 your understanding and cooperation「ご理解とご協力に」という、感謝の理由を明確に述べることで、会議を締めくくる表現としてふさわしくなっています。

プラスワン!

I would like to express my gratitude to all of you for your participation.

みなさんが参加してくださったことへの感謝を表明いたします。

gratitude は、「感謝の意」と言う意味。 many thanks や appreciate と比べると、やや形式的な表現になります。

> フォーマルさが求められるような会議では、このような表現も使えるとベター。

🔊 098

Chapter 3 のフレーズを振り返ってみましょう。

☑ **What time are we starting the meeting today?**

今日は何時からミーティングを開始する予定ですか?

➡ **046** p.122

☑ **Where does the meeting take place?**

どこでミーティングが行われるか知っていますか?

➡ **047** p.124

☑ **How many will be attending today's meeting?**

今日のミーティングは何人参加しますか?

➡ **048** p.126

☑ **I hope it's going to be uneventful this afternoon.**

今日の午後は大きな問題がないとよいのですが。

➡ **049** p.128

☑ **Any idea what equipment is available?**

どんな設備が利用できるかわかりますか?

➡ **050** p.130

カジュアルに聞くことで、相手への
負担が軽減できます。

☑ Let's get down to business, shall we?

ミーティングを始めましょう。

➡ 051 p.132

☑ Have you got your handouts with you?

みなさん、資料はお手元にお持ちでしょうか？

➡ 052 p.134

☑ There are three things I'll be talking about.

3つ話したいことがあります。

➡ 053 p.136

> プレゼンをうまく進める最強テクニック！　ポイントを
> 3つに絞って、わかりやすい話し方をマスターしよう。

☑ Let me explain to you about the first topic.

最初のトピックについて説明させてください。

➡ 054 p.138

☑ Please take a look at the pie chart on page 23.

23ページの円グラフをご覧ください。

➡ 055 p.140

☑ The thing is, our Tottori branch office faces a big problem.

要は、鳥取支社が大きな問題を抱えているということなのです。

➡ 056 p.142

☑ **Excuse me, can I ask a couple of questions?**

すみません、2〜3個、質問してもいいですか？

➡ 057 p.144

☑ **Thank you very much for your question.**

ご質問をいただきありがとうございます。

➡ 058 p.146

☑ **Could you elaborate on that a bit?**

それを少し具体的に説明してくださいますか？

➡ 059 p.148

☑ **I couldn't follow you about page 45.**

45ページについて私の理解が追いつきませんでした。

➡ 060 p.150

☑ **I agree with you on that point.**

その点については賛成いたします。

➡ 061 p.152

☑ **I don't think I can fully agree with you on that.**

その件については完全には同意しかねます。

➡ 062 p.154

☑ **I have a rather different opinion about the matter.**

私はその件については異なる考えをもっています。

➡ 063 p.156

☑ Let's put this issue aside for now.

今はこの点はいったん横に置いておきましょう。

➡ `064` p.158

☑ Sorry, may I add something?

すみません、追加事項をよろしいでしょうか？

➡ `065` p.160

☑ Please let me confirm this minute point again.

この細かい点をもう一度確認させてください。

➡ `066` p.162

☑ Has anyone got anything else to talk about?

他に何か議題のある方はいますか？

➡ `067` p.164

☑ Let me summarize the most important point today.

今日の最も重要なポイントについてまとめます。

➡ `068` p.166

> 終わりよければすべて
> よし。会議の最後は、
> 要点をまとめよう！

☑ Many thanks for your time – much appreciated.

お時間をいただきありがとうございました。

➡ `069` p.168

Chapter 4

社外との接触、社外コミュニケーション

来週は、社外の人と打ち合わせがある！
言葉遣いに気をつけないと…。

日本語同様、普段よりフォーマルな言い方を
心がければOK。名刺交換などマナーの違い
も学んだね。復習しておこう！

070

Could you please wait for a second?

少々お待ちいただけますか?

〈内線電話で〉

客人 | Hello, I have an appointment with Tracy Yen at 1:00 pm. My name is Robert Rodgers from VR Technologies.

もしもし、午後1時にトレイシー・イェンさんとの打ち合わせの予約があります。VRテクノロジー社のロバート・ロジャーズと申します。

マサ | I see. **Could you please wait for a second?**

わかりました。少々お待ちいただけますか?

客人 | Sure, thanks.

はい、もちろん（ありがとう）。

社外のお客様からの電話を取り次ぐときは、社内電話よりフォーマルに!

社外のお客様からの内線を取り次ぐときの表現です。

p.74に、Hang on a second.（少々お待ちいただけますか）という表現が出てきましたが、これはあくまでも社内向けのカジュアルな表現です。社外のお客様からの電話を取り次ぐような場面では、ダイアログのようなフォーマルな表現を使うのが望ましいでしょう。

ちなみに、つい口から出てしまいそうな Please wait here.（お待ちください）は、気の置けない同僚に対しての言い方です。注意しましょう。

> 電話は顔が見えない分、より
> 丁寧な対応が必要になります。

これもOK!

Would you mind waiting here for a second, please?

こちらで少々お待ちいただけますでしょうか?

Would you mind ~ ing（～していただいても差し支えありませんか）は、丁寧な依頼。ビジネスフレーズとしておすすめです。特に社外からのお客様をもてなす場合には、失礼のないように、できるだけ丁寧な言い方を心がけましょう。

プラスワン!

Tracy will come very soon. Could you wait for a second, please?

トレイシーはすぐ参ります。お待ちいただけますか。

Could you ～ ? は、Would you ～ ? と並んで、丁寧な表現の一つになります。また、「トレイシーがすぐに参ります」などのように、待ってもらう理由も併せて伝えるとベターです。

071

This is our headquarters.

こちらが私たちの本社です。

マサ	**Mr. Rodgers, thank you very much for coming all the way.**

ロジャーズ様、ご足労いただきましてありがとうございます。

客人	**Thank you very much for your invitation. So, am I supposed to meet her here?**

お招きいただきありがとうございます。トレイシーとの待ち合わせはこちらでよろしいのですよね?

マサ	**That's right. This is our headquarters.**

はい。こちらが私たちの本社です。

客人	**Great. This is such a fantastic building.**

わかりました。 立派な建物ですね。

本社を表す headquarters は、常に複数形で表現するよ

社外からのお客様に「本社ビルはこちらです」と紹介する表現です。

「本社ビル」は英語では headquarters と表現しますが、quarters という言葉自体は、もともと軍隊などの司令塔を表します。その言葉に head が付いたわけです（ちなみに、社会科の教科書でもお馴染みの「連合国総司令部」の GHQ は、General Headquarters の略称です）。

headquarters と最後に「s」が付いた複数形で表現しますが、文法の機能上は単数形が用いられます。たとえば、「本社ビルは東京にあります」という場合には Our headquarters IS in Tokyo. と、単数系の is を用います。

> ちなみに headquarters は、head office とも言いますので、セットで覚えておきましょう。

This building is our head office.

この建物が我々の本社になります。

建物そのものにフォーカスして説明をしたい場合には、このような言い方をする方が好ましいです。 head office の代わりに headquarters でもOK。

これはNG!

You can see the headquarters on your right-hand side.

右手の建物が本社ビルになります。

You can see 〜 on your right-hand side. などの言い方は、観光案内の際に用いる表現です。間違っているわけではありませんが、ダイアログのような場面で使うと、やや違和感を与えます。

072

072

Very pleased to meet you.

お会いできてうれしいです。

| マサ | **Mr. Rodgers, could you please wait here a bit. Tracy will be coming very soon.** |

ロジャーズ様、ここでもう少しお待ちください。トレイシーがすぐ参ります。

| Tracy | **Hello, Robert, thank you for coming.** |

こんにちは、ロバート、ようこそお越しくださいました。

| 客人 | **Oh hi Tracy, thank you very much for your invitation.** |

やあ、トレイシー、お招きいただき感謝します。

| Tracy | **Very pleased to meet you.** |

お会いできてうれしいです。

「はじめまして」のワンランク上の表現を覚えよう

「はじめまして」のお馴染みの英語表現といえば、Nice to meet you. ですね。この表現自体は悪いわけではないのですが、ビジネスで使うと「中学校英語から抜け出せていない」といった印象を与えてしまいます。

ビジネスの場の表現であれば、nice ではなく pleased を用いるようにしましょう。please は「感情動詞」と呼ばれ、自分の気持ちを表現する際に使われます。主に受動態の形になることにも注目してください。

Nice to meet you. 同様、Good to see you. もビジネスの場では避けた方が無難です。

これもOK!

I am delighted to meet you here.

ここでお会いできて光栄です。

少しかしこまった言い方です。動詞の delight は、「喜びを与える」という意味で、受動態で使うと「(お会いできて) 喜ばしい」といったニュアンスを伝えることができます。

プラスワン!

We are finally able to meet each other after so many emails.

何度もメールを交換していましたがようやくお会いできましたね。

これまでの経緯について言及すると、会えて嬉しい気持ちが効果的に伝えられます。会う前に長くやり取りをしていた相手には、ぜひこの言い方で気持ちを伝えましょう。

This is my business card.

これが私の名刺です。

| Tracy | I'm really delighted to finally meet you. |

やっとお会いできてうれしいです。

| 客人 | Well, the same here. |

ええ、こちらこそ。

| Tracy | Oh, this is Mr. Masayuki Yamagata, by the way. He works with me. |

そうそう、こちら山縣雅之です。私と一緒に働いています。

| マサ | Very pleased to meet you Mr. Rodgers. I'm Masa. **This is my business card.** |

はじめまして、ロジャーズさん。マサです。これが私の名刺です。

| 客人 | Masa? Thank you very much. Call me Robert, OK? |

マサ？　ありがとう。ロバートと呼んでくださいね。

英語圏での名刺交換は、話が一区切りした後に行うよ

名刺交換の場面での定型表現です。

日本では会ってすぐに名刺を渡すことが多いですが、英語圏ではある程度話が一区切りし、連絡先情報を交換したいとなったタイミングで行うことが一般的です。

また名刺の受け渡しですが、日本のように両手で受け取ることはなく、片手で渡して、片手で受け取るということもよくあります。

> 最初は、片手での受け渡しに戸惑うこともあるかもしれませんが、回数をこなすうちに慣れてくるはず！

これもOK！

May I exchange my business card with you?

名刺を交換させていただけますか？

日本式のビジネスに沿って最初にビジネスカードを交換したい場合には、このような切り出し方がいいでしょう。その際、次のような説明を加えると、相手にはわかりやすいはずです。

In Japan, it is our custom to exchange our business cards as a type of ritual at the very beginning of a meeting.
日本では、会議の最初に名刺の交換を儀式として行う習慣がありますので（交換させてください）。

プラスワン！

Can we exchange our contact information now?

今、連絡先情報の交換をしてもよろしいですか？

こなれたビジネス英会話のテクニックの一つで、会議中、接待中問わず、さまざまな場面で使える表現です。名刺ではなく、contact information（連絡先情報）と言うことで、行為の目的がはっきりします。

May I have your name again, please?

お名前をもう一度おうかがいできますか?

| 客人 | And also, let me introduce my colleague. This is Alisha Anderson. |

同僚を紹介させてください。アリーシャ・アンダーソンです。

| 同僚 | I'm delighted to meet you. |

はじめまして。

| マサ | Thanks for coming. …Ali… **May I have your name again, please?** |

ようこそ、……アリー……、お名前をもう一度おうかがいできますか?

| 同僚 | Alisha Anderson. I go by Ally. |

アリーシャ・アンダーソンです。アリーと呼ばれています。

| マサ | Ally. Pleased to meet you. I'm Masa. |

アリー。はじめまして。私はマサです。

名前を聞き返すときは、相手に負担をかけない聞き方で!

相手の名前が読みづらいなどの場合で、もう一度聞きたいときに使いたいフレーズです。

外国語で仕事をする場面で、経験者が口を揃えて難しいと言うのが相手の名前の発音です。たとえば日本人にとっては、アジア圏の名前であれば、回数を重ねていくうちに慣れることもあるようです。しかし、欧米系の名前に関しては、なかなか覚えられなかったり、スペルは解っても発音できなかったりすることがよくあるようです。

このような状況で聞くときは、「もう一度」という意味の again を付けるのがポイントです。相手も聞き取れなかったことを察し、ニックネームなどを提示してくれるかもしれません。反対に、What's your name?（名前はなんですか？）や単純に May I have your name?（お名前をお願いできますか？）を連呼するのは、相手に負担をかける結果になってしまうので、避けた方が無難です。

これもOK!

Sorry, what was your name again?

すみません、お名前はなんでしたか？

現在形ではなく過去形にして、さらに again を付けた表現です。これだけでも、相手に与える印象はずいぶんよくなります。名前は聞いたけれどどうしても思い出せない、あるいは、自分では発音できない、といった場面で使うと効果的です。

プラスワン!

I'm really sorry, I'm not used to the names of English-speaking countries yet. What do you go by?

すみません、英語圏の名前にはまだ慣れていなくて。普段はなんと呼ばれていますか？

英語圏は、「どんなことでも言わないと相手はわからない」というのが当たり前の社会です。よって、事情がある場合は、それをしっかり説明することが「責任感あるコミュニケーター」の態度とみなされます。英語圏の名前に慣れていないことを伝えると、相手の理解を得られるでしょう。

075

Can you find your way back?

帰り道はおわかりになりますか？

マサ Thank you very much for your time today, Robert-san.

ロバートさん、今日はお時間をいただきありがとうございました。

客人 Thank you very much for all of your dedication. Really nice talking with you all.

いろいろご配慮いただきありがとうございました。お話しできて嬉しかったです。

カズ Likewise. **Can you find your way back,** by the way?

こちらこそ。ところで、帰り道はおわかりになりますか？

客人 Yeah, of course. I'm fine, thanks.

はい、もちろん。大丈夫です、ありがとう。

帰り道を迷わないか尋ねるときは、「見つける」の find がぴったり

　帰り道の案内が必要か尋ねる際の定番表現です。

　動詞の find は「見つける」という意味で、この動詞を使うと効果的です。また、way back（帰り道）を具体的に、たとえば、way to the hotel（ホテルまでの道のり）」と言ってもいいですね。

　ところで、話題転換のシグナルとして使われる by the way（ところで）ですが、文頭より、文末に付けて使う方が、「そういえば、聞き忘れていたかもしれませんが」といったニュアンスがよく出ます。相手に配慮を示している表現として使われるので、覚えておきましょう。

Do you want me to help you find your way back?

帰り道をお調べいたしましょうか。

帰り道がわかるかどうかを尋ねる際の丁寧な言い方です。 help という動詞を使うことで、「わからない場合はお手伝いします」というニュアンスが含まれ、とても丁寧な印象になります。

Can you go back by yourself?

お一人でお帰りになれますか。

言い方によっては、子ども扱いしているような響きになるので、避けた方が無難です。

プラスワン！

Have a safe trip on your way back.

道中お気をつけて。

別れ際の表現の一つです。「帰り道（ on your way back ）はご無事で」というニュアンスで使われます。

見送りの際に、さらっと言えると◎！

076

May I ask what it's all about?

大体の要件をご教示いただけますか？

マサ | **Hello, how may I help you?**
こんにちは、いらっしゃいませ。

客人 | **Hello, this is Robin Wright from Paramasivam Corporation. I have an appointment with Tracy Yen at 1:00 pm.**
こんにちは、パラマスィヴァム社のロビン・ライトと申します。トレイシー・イェンさんと1時にお約束がありまして。

マサ | **I see. Well, may I ask what it's all about?**
わかりました。えっと、大体の要件をご教示いただけますか？

客人 | **Well, I'd like to meet with her about the introduction of our VR system in your office.**
ええ、こちらのオフィスでのVRシステムの導入に関して彼女とミーティングをいたしたく。

大まかな要件を尋ねるフレーズを覚えよう

　訪問理由など、来客のおおまかな要件を尋ねる際の定型表現です。 what it's all about で、「大体どのような要件なのか」の意味になります。 it は、今回訪問してきている「状況そのもの」を指す言葉です。 may を could に置き換え、さらに文末に please を足した Could I ask what it's all about please? と言ってもOK。

　ちなみにこの尋ね方は、会議の要件を聞いたり、電話で用件を聞いたりするときにも使えます。

> 電話を受けたときも、このフレーズが
> さっと使えるとかっこいいかも！

これはNG!

What is the purpose of your visit?

来訪の理由はなんですか？

どちらかというと、空港の入国審査などで使われる表現です。会社でお客様を迎える場面には不適切でしょう。

プラスワン!

Would you mind telling us the purpose of your visit today?

本日訪問してくださった理由をお聞きしても差し支えありませんか？

丁寧表現の Would you mind 〜? を使ったややフォーマルな表現です。特に丁寧さを求められるような場面では、このような聞き方がベスト。

> Would you mind〜? の聞き方は、答えに要注意！
> 「差し支えありません」は No. 、「差し支えあります」
> は Yes. になります。

077

Could you please spell that for me?

スペルを教えていただけますか?

マサ **Mr. Robin Wright. OK, ah, excuse me, you're from … what corporation again?**

ロビン・ライトさまですね。承知いたしました、あっ、すみません、御社の名前をもう一度お願いできますか?

客人 **Paramasivam Corporation.**

パラマスィヴァム社です。

マサ **Excuse me, could you please spell that for me?**

すみません、スペルを教えていただけますか?

客人 **OK. P-A-R-A-M-A-S-I-V-A and M. Paramasivam.**

はい。PA-RA-MA-SI-VA そして M。パラマスィヴァム。

固有名詞が聞き取れないときは、スペルを聞くといいね

　名前などの固有名詞がどうしても聞き取れない場合には、スペルを聞くというのも一つの打開策です。英語圏の人名や社名は、本人の文化的バックグラウンドにより多種多様で、我々日本人の英語学習者には縁遠いと感じられるものや耳馴染みが薄いものも多く含まれます。

　そのようなときには、わかったふりをしたり、無理に何度も聞き返したりせず、スペルを聞いてみましょう。スペルを聞いたらそのままにせず、繰り返して正しいかどうかを確認します。余裕があれば、発音も確認すると完璧です。

> スペルがわかると、解決の糸口が見つかることがよくあります。

これも**OK!**

May I ask for the spelling of your company, please?

御社の名前のスペルをお願いできますか？

名前に関わることを聞き返す、スペルを教えてもらうなどの場合には慎重さが必要です。ちょっとした発音のミスやスペルのミスで意味が変わってしまい、思わぬ誤解を生むことがあるからです。このような事態を避けるためにも、相手に配慮した言い方を使うようにしましょう。

プラスワン!

Do you want me to spell that for you?

スペルをお伝えしましょうか？

スペルをこちらから伝える際の表現です。相手が発音を聞き取れず困っていることが明白な場合は、このように申し出るといいでしょう。

078

078

Have you made an appointment for today?

本日はご予約されていますか?

客人 | **Excuse me, but I'd like to meet Ms. Tracy Yen, please.**
すみません、トレイシー・イェンさんとお会いしたいのですが。

マサ | **Have you made an appointment for today?**
本日はご予約されていますか?

客人 | **Yes, we're supposed to meet at 1 pm.**
はい、1時に御目通りをお願いしています。

マサ | **I see. Just a moment, please.**
わかりました。少々お待ちください。

アポを取っているかどうかは、現在完了形で聞くといいね

　来客に「ご予約がありますか」と尋ねるときの表現です。「予定・約束」と聞くと、promise という単語を思い浮かべる方も少なくないようです。しかし、「面会の約束」を表すときは、カタカナ語でお馴染みの appointment を用いるのが正解です。 make an appointment で「約束をする」という意味になります。

　また、現在完了を使うことで、「すでにお約束済みでしょうか」と確認する表現になります。

> 頭に May I ask, を付けて May I ask, have you made an appointment for today? と聞くと、より丁寧な印象になります。

これはNG!

Do you have an appointment?
お約束がありますか？

予約があるかどうかを確認する際の表現ですが、言い方によっては、「本当にお約束をされていますか？」と相手を疑っているように聞こえてしまう場合も。現在形ではなく、ダイアログのように現在完了形を使う方が無難です。

プラスワン！

May I ask what time you are scheduled to meet with Tracy Yen?
トレイシー・イェンとは何時にお約束をされているか、おうががいしてもよろしいでしょうか？

アポの時間を尋ねることで予約しているかどうかを確認する聞き方です。相手に不快感を与えることなく聞き出せる、上級テクニックです。

079

Please have a seat here.

こちらにお掛けください。

マサ **Here's the meeting room.**

こちらが会議室です。

客人 **Thanks. Wow, this meeting room looks gorgeous.**

ありがとう。まあ、素晴らしい会議室ですね。

マサ **You think so? Please have a seat here.**

そう思われますか？ こちらにお掛けください。

客人 **Thank you very much. Such a comfortable seat, thanks.**

ありがとうございます。心地よいお席ですね、ありがとう。

着座をすすめるときは、席を指しながら伝えよう

　来客を会議室に通した後、「どこに座る」か案内する際に使える表現です。

　Have a seat は、「席を持ってください」ではなく、「こちらの席をお使いください」という意味。手で席を示しながら、このフレーズを言うといいでしょう。

　中学の教科書に登場する Please sit down here.(こちらにお座りください)という言い方に馴染みのある人も少なくないでしょう。しかし、言い方によっては「お座り！」というような、子どもを座らせて、落ち着かせる際のニュアンスが含まれてしまうので、(特に初対面の)客人を席に案内する際には避けた方が無難です。

This is your seat, please.
お席はこちらになります。

直訳すると「こちらが、あなたの席です」という意味になります。来客を席へ促す状況なので、最後に please を付けます。this という言葉を言いながら、手でどの席なのかを示すようにするといいでしょう。

プラスワン！

Could you please use the seat on this side.
こちら側の席をお使いください。

上級者の表現です。日本的な発想で上座・下座を意識して着席してもらう必要がある場合には、以下のような説明を続けるといいでしょう。

According to Japanese business manners, usually guests are invited to the furthest seat from the door. This seat is the most comfortable one reserved for our important guests.
日本式のビジネスマナーでは、たいていお客様はドアから一番遠い席にご案内します。この席は一番心地よい席なので、大切なお客様のための指定席です。

> 日本の流儀をさりげなく伝えることで、指定の席に違和感なく座っていただけます。

195

Would you like any refreshments?

何かお飲み物はいかがですか?

| マサ | Thank you very much for coming all the way. |

遠いところお越しいただきありがとうございました。

| 客人 | Well, thank you very much for your invitation. |

いえ、お招きいただきありがとうございます。

| マサ | **Would you like any refreshments?** |

何かお飲み物はいかがですか?

| 客人 | Oh, can I have a cup of hot coffee please? |

それでは、ホットコーヒーをいただけますか?

来客に出す飲み物は drink ではなく、refreshments（リフレッシュメント）!

　来客にコーヒーやお茶（ウェルカムドリンク / a welcome drink ）などを出すときのフレーズです。

　ウェルカムドリンクなどを出す場合の定型表現として、refreshments（飲み物）という表現を覚えておきましょう。リフレッシュという言葉を聞くと、何か楽しいことや気分転換を思い浮かべてしまう人も多いと思いますが、このような文脈では「飲み物」という意味で使います。

　「飲み物」というと drink という単語が思い浮かびますが、この表現はアルコール類を含む場合にも用いられます。そのため、来客を迎える場合の「ウェルカムドリンク」は、refreshments を使う方がフォーマルです。

> アフターファイブの接待のときであれば、Do you want any drinks?（何か飲みますか？）などと、drink を使っても〇K。

これも**OK!**

How about some cold refreshments?

何か冷たい飲み物でもいかがでしょうか。

How about 〜？ を使うことで、相手にプレッシャーを感じさせないさりげない提案になります。 cold を付けることで、「何か冷たい飲み物」のように表現のバリエーションを広げることができます。

プラスワン!

Please help yourself to any of the refreshments.

お飲み物はこちらからご自由にどうぞ。

会議室にコーヒーマシンやドリンクコーナーなどが用意されている場合には、このような言い方で飲みものをすすめるといいでしょう。 help yourself は、そのまま訳すと「自分を助ける」になりますが、このような使い方では「ご自由にどうぞ」という意味になります。

🔊 099

Chapter 4 のフレーズを振り返ってみましょう。

☑ **Could you please wait for a second?**

少々お待ちいただけますか?

➡ 070 p.176

☑ **This is our headquarters.**

こちらが私たちの本社です。

➡ 071 p.178

☑ **Very pleased to meet you.**

お会いできてうれしいです。

➡ 072 p.180

> ビジネスシーンでの「はじめまして」の挨拶は、
> この言い方が正解。大人の印象にグンと近づきます。

☑ **This is my business card.**

これが私の名刺です。

➡ 073 p.182

☑ **May I have your name again, please?**

お名前をもう一度おうかがいできますか?

➡ 074 p.184

☑ **Can you find your way back?**

帰り道はおわかりになりますか？

➡ 075 p.186

☑ **May I ask what it's all about?**

大体の要件をご教示いただけますか？

➡ 076 p.188

☑ **Could you please spell that for me?**

スペルを教えていただけますか？

➡ 077 p.190

☑ **Have you made an appointment for today?**

本日はご予約されていますか？

➡ 078 p.192

☑ **Please have a seat here.**

こちらにお掛けください。

➡ 079 p.194

☑ **Would you like any refreshments?**

何かお飲み物はいかがですか？

➡ 080 p.196

> 飲み物を表す単語は refreshments 。
> drink と使い分けることが大切！

Chapter 5

商談、交渉、契約

いよいよ、商談が近づいてきた！
交渉や契約を滞りなくできるかな、
不安だなぁ。

相応の言い回しを覚えておけば、クリア
できるよ。駆け引きが求められることも
あるけど、実践あるのみ！

081

What does your availability look like for the next couple of days?

この2〜3日のご予定はどのような感じでしょうか?

マサ **Tracy-san, can I talk with you now?**

トレイシーさん、今お話ししてもいいですか?

Tracy **Sure thing, how can I help?**

いいわよ、どうしたの?

マサ **I want to finalize the contract with VR Technologies. What does your availability look like for the next couple of days?**

VRテクノロジー社との契約を詰めたいと思っています。この2〜3日のご予定はどのような感じでしょうか?

日程の空き具合を尋ねるときは availability を使うといいね

availability という単語は、辞書では「利用可能」と訳されていることもありますが、ビジネスシーンで使うと「予定、都合」という意味になります。特に、このダイアログのように予定調整の文脈では、「日程、予定の空き具合・状況」というようなイメージで使われます。

空き状況を聞くときには、look という動詞を使い、What does your availability look like?（ご予定がどのように見えるか？）という聞き方をするのが一般的です。このような聞き方ができると、プロフェッショナルな印象を与えることができます。

反対に避けたいのが Are you busy for the next couple of days?（この2〜3日の間は忙しいでしょうか？）という聞き方。日本語訳だけを見ると、「相手の空き具合を聞いている」というニュアンスが出ているような印象もありますが、低コンテクスト言語文化の英語では、単に「忙しいかどうか」を聞いているだけと捉えられる場合もあります。

これもOK!✧

Do you have any availability for a meeting during the next couple of days?

この2〜3日でミーティングができる可能性はありますか？

Do you 〜 ?の形で尋ねることにより、相手の目線に立って意見を聞いている印象になります。

プラスワン!✛

Do you happen to have time this afternoon?

今日の午後は空き時間があったりしますか。

happen to 〜 を使うと、「偶然、たまたま〜する」というニュアンスが加わり、「そのような状況はありますか？」という丁寧な聞き方になります。

> 「お時間よろしいですか？」の
> イメージで使える表現です。

082

Could our meeting this afternoon occur a bit earlier?

今日の午後のミーティングを少し早めていただけませんか?

マサ **Excuse me, Kazu-san?**
すみません、カズさん。

カズ **Yes, Masa? What's up?**
なに、マサ? どうしたの?

マサ **Could our meeting this afternoon occur a bit earlier?** My prior appointment has just been cancelled, so we can start our meeting a bit earlier if you like.
今日の午後のミーティングを少し早めていただけませんか? 先約がキャンセルになったので、もしよければ早めにミーティングを開始したいのですが。

カズ **Oh, that sounds like a plan. I will be available any time after 1:30 pm.**
あっ、いいね。1時30分以降はいつでも大丈夫です。

予定を変更したいときは、客観的なニュアンスで伝えるのがベスト!

　ミーティングの予定を早めたいことをお願いする表現です。occur（起こる、発生する）という動詞を使い、また主語を our meeting にして、「予定を早められるか」を客観的に尋ねる表現になります。

　これに対して、Can we start earlier ～ や Can you start earlier ～ などのように、we や you などの人称代名詞を使って「始められるか」を尋ねると、「本人の都合」で早く始めたいと言っているようなニュアンスになってしまいます。ダイアログのような状況では、自分たちの都合だけを優先して予定調整をしているように捉えられかねないので、避けた方が無難です。

これもOK!

Do you want our meeting to take place a bit earlier?

ミーティングを少し早めたいと思われますか?

take place も occur という動詞と同様に、「起こる、発生する」といった意味です。Do you want A to ～ という形を使うことで、相手の希望をうかがう形となり、日程調整などの文脈では効果的です。

プラスワン!

I wonder if our meeting will be able to take place a bit earlier than was originally scheduled.

予定時間よりも少し早くミーティングを始められますか?

フォーマルな言い方になります。特にお客様に予定調整などのおうかがいをする場合に、非常に効果的な表現です。

> than was originally scheduled という言葉を足していることにより、相手のスケジュールなどにもちゃんと配慮した言い方になっているところがポイントです。

083

We would appreciate it if you could consider our new proposal.

私たちの新しい提案をご検討いただければ幸いです。

カズ　Tracy? Masa and I have talked about the possibility for our meeting to take place a bit earlier this afternoon. Can it possibly take place at 1:30 pm instead?

トレイシー？　ミーティングの時間を少し早められないかとマサと話していまして。代わりに1時30分にしてもらうことはできますか？

Tracy　Oh, OK. Sure.

ええ、いいわよ。もちろん。

カズ　Also, **we would appreciate it if you could consider our new proposal** then.

あと、そこで私たちの新しい提案をご検討いただければ幸いです。

新たな提案をするときは、
形容詞を使って表現してもいいね

　新たな提案を申し出る際の表現です。

　新しい提案が生じたことを伝える場合、日本人英語学習者は change という表現が浮かび、たとえば Please allow us to change our proposal.（提案を変更させてください）などと言いがちです。しかし、change を使わず、new（新しい）や alternative（代替の／「これもOK！」）という形容詞を使った言い方にすると、より建設的な案を提示してくれるという期待が生まれ、前向きな印象になります。ビジネスの場では、ぜひ、このような言い方を心掛けましょう。

　もちろん、聞いてもらう相手への配慮は必要です。そこで役立つのが appreciate を使った表現。「ご理解とご協力をよろしくお願いいたします」という意味を含むため、相手への気遣いが伝わります。

これも**OK!**

I hope you find our alternative proposal more instrumental.

私たちの代替案がより有益と思ってもらえるといいのですが。

instrumental は辞書では、「楽器の」「道具的な」と直訳されることの多い単語ですが、ビジネスの文脈で使うと「生産的である」「有益である」という意味で用いられます。また、「変更」ということを伝えるのに alternative（代替の）という形容詞を使うことにより、よりビジネスに適した表現となります。

プラスワン！

We are confident that our new proposal will cover the potential thread of the project.

新たな提案ではこのプロジェクトの潜在的な脅威についてもカバーできると確信しています。

confident（確信して）という言葉を使うことで、より変更点が生産的であるということを強調する効果が期待できます。

　フォーマルなトーンを含む言い方ですので、ビジネスの場では重宝します。このまま覚えて使ってみてください。

084

Why don't you prepare a rough estimate for us?

大体の見積もりを用意しておいてくれないかな？

カズ | **Tracy kindly agreed to hold a meeting at 1:30 pm.**

トレイシーさんが1時30分に会議を開くということで合意してくださったね。

マサ | **Thanks for your support. Oh, do you have any other advice, by the way?**

サポートしてくださってありがとうございます。あっ、ところで、ほかにご助言はありますか？

カズ | **Let's see. Oh, why don't you prepare a rough estimate for us?**

そうだね。大体の見積もりを用意しておいてくれないかな？

マサ | **Sure.**

もちろん。

相手にインパクトを残す提案の仕方を覚えよう！

　何かを提案する際の表現で、特に積極的に行動に移すようにプッシュする形の提案になります。

　Why don't you ～？ という表現は、比較的強い提案を示す言い方で、そのまま訳すと、「なぜ～しないのですか？」という意味。これは反語と呼ばれ、「なぜ～しないのですか？＝もちろん～しますよね？」という意味になります。英語は常に直接的な言い方をするわけではなく、時にはこういう変化球的な言い方をして、インパクトを残します。

　反対に make sure を使った Make sure to prepare a rough estimate.（大体の見積もりを確実に用意しておいてください）のような言い方をすると、それは「提案」であるのか、あるいはすでに決まっていることの「確認（reminder）」なのかがあいまいになってしまいます。

Why not prepare a rough estimate for us?

大体の見積もりを用意しておいてください。

強い提案をする際、Why not ～（動詞）？ という形もよく用いられます。ダイアログに出てくる、why don't you ～？ を省略した形と考えるとわかりやすいでしょう。この表現を使う場合には、why not の後ろに直接、動詞の原形を置きます。

> why not の後ろには、-ing形や to不定詞形
> にはしませんので注意しましょう。

If I were you, I would prepare a rough estimate.

私があなたの立場なら、大体の見積もりを用意しておこうと思います。

if を使った仮定法の形を用いることで、よりフォーマルなトーンでの提案になります。このような言い方をすることで、相手の「自発的な行動」を促しつつ、相手の気持ちにも配慮した効果的な表現になります。

085

Let us briefly talk about the cost-benefit aspects of this business plan.

このビジネスプランの費用対効果の側面について手短にお話しします。

| Tracy | Let's get down to business. So, what was the purpose of today's meeting again? |

早速取り掛かりましょうか。それで、今日のミーティングの目的はなんだったかもう一度お願いできるかしら？

| マサ | Yes. **Let us briefly talk about the cost-benefit aspects of this business plan.** |

はい。このビジネスプランの費用対効果の側面について手短にお話しします。

| Tracy | OK. That makes sense. |

なるほど。理にかなっているわね。

ミーティングの冒頭で会議の目的を伝えておくと、会議が円滑に進むよ

　ミーティングや商談、交渉の文脈の中で、具体的に何を話すのかということを説明する際の表現です。

　Let us briefly talk about 〜 は、「〜について（手短に）お話しさせていただきます」という表現で、これから話す内容についての大枠を、参加者に理解してもらいたいときに使うと効果があります。また、ミーティングの冒頭で会議の目的をしっかり説明しておくことで、回り道を避けられるのはもちろん、ミーティングを円滑に進める上でも一役買うことでしょう。

　ちなみにフォーマルなミーティングの冒頭で、Let's talk about the cost-benefit aspects of this business plan.（ビジネス案の費用対効果について話し合いましょう）などのように、命令口調の let's を使うのは、あまり得策ではありません。

これもOK!

> Today I'd like to explain to you the cost-benefit aspects of this business plan.
>
> 今日はこのビジネスプランの費用対効果の側面について説明いたします。

比較的フォーマルなミーティングで理路整然と説明する際には explain を使うと効果を発揮します。

プラスワン!

> I'm delighted to talk about the cost-benefit aspects of this business plan today.
>
> 本日はこのビジネス案の費用対効果の側面についてお話しすることができてうれしいです。

delighted という形容詞を使うことで、ミーティングの機会を設けてもらったことに対する感謝の念を伝えることができます。

> フォーマルな言い方です。ぜひ覚えておきましょう。

086

🔊 086

If I were the client,
I would have to decline the
offer.

私がクライアントの立場なら、このオファーは断らないといけないでしょう。

マサ | **This is all for our proposal. Do you have any comments or suggestions?**
私たちの提案は以上です。コメントや提案などはありますか?

Tracy | **Thanks for sharing. But I would say, if I were the client, I would have to decline the offer.**
シェアしてくれてありがとう。でもね、私がクライアントの立場なら、このオファーは断らないといけないでしょう。

マサ | **You said, you would decline yes?**
ということは、今回は見送りということですか?

Tracy | **That's right. It's basically because of the inconsistency of your explanation.**
そうです。その理由は主に説明の不整合性にあるんだけど。

相手の気持ちを配慮しながら
自分の意見を言うときは仮定法が◎!

提案されたことに対して、ネガティブな意見を伝える際のフレーズです。

アドバイスやフィードバックを伝えるのは難しいもの。相手の気持ちに配慮しつつ、自分の意見をしっかりと伝えるのは、心理的負担を強いられます。

そのようなときに役立つのが、英語の仮定法です。相手にやんわりと伝える効果があります。

反対に避けたいのが Why don't you give up the offer?（この件は諦めてはいかがでしょうか?）などの直接的な言い方。ネガティブな発言をしなければならないときにこのようなストレートな言い方をすると、相手の気持ちを傷つけ、人間関係を悪くする可能性があります。

これも**OK!**

I would hate to say this, but I would decline the offer.

このようなことを言うのは嫌なのですが、私はこのオファーを断ります。

前置きを入れて断る言い方です。日本語でも、「こういう言い方をすると申し訳ないんだけれど」「こういう言い方したくないんだけれども」などの前置きを述べることがありますね。

> ネガティブなコメントをするときは、相手に万全の配慮をする。これは日本語でも英語でも同じですね。

プラスワン!

Have you ever thought about the possibility of declining the offer?

この申し出を断る可能性について今までに考えてみましたか?

ビジネスの場合では、遠回しに尋ねることで相手の気持ちを確かめる方法もよく使われるストラテジー（戦略）です。 ever という言葉を入れることにより、ネガティブな発言のトーンをやわらげる、クッションのような効果が期待できます。

087

Is there any possibility for a deadline extension?

締め切りを延ばしていただける可能性はありますか？

Tracy | Are you sure you are going to finish finalizing the new proposal by Tuesday?
火曜日までに新しい提案書の完成版を用意できそうかしら？

マサ | Well, let's see …
えっと、そうですね。

Tracy | You can be honest with me. No rush is needed now.
正直に言って。今は急ぎじゃないから。

マサ | I think I can make it, but just in case, **is there any possibility for a deadline extension?**
間に合うと思いますが、念の為、締め切りを延ばしていただける可能性はありますか？

締め切りなどを延ばしてほしいときは、丁寧に尋ねよう

締め切りなどを延長してほしいということをお願いする際のフレーズです。

締め切りまでしっかり計画を立てて作業を進めることは、仕事のスキルとして非常に重要なことです。しかし、何かが起こって締め切りに遅れてしまいそうになる、ということはよくあるものです。

そのときには、締め切りを延ばしてもらうことが可能かどうかをできるだけ丁寧に聞いてみましょう。その際に役立つ表現が、ダイアログの Is there any possibility 〜？（〜という可能性はありますか）です。

これもOK!

How long can it wait before getting back to you with the finalized version?

最終版をお届けするまでどのぐらいお待ちいただけますか？

it は「現在の状況」を示す際の主語です。「すでに待たせている状況だけど、後どのぐらいお待ちいただけますか？」というニュアンス。相手に配慮しつつ、相手の都合で締め切りがいつまで待ってもらえるのかを確認する効果的な表現です。

これはNG!

Can you extend the deadline please?

締め切りを延ばしてください。

このような表現を使うと、「締め切りを延ばしてもらって当然」というニュアンスにも捉えられ、横柄な印象を与えてしまいます。相手への配慮を忘れない言い方が求められます。

プラスワン!

Would it be a bit too challenging if I requested a deadline extension?

締め切りの延長をお願いするのは少々難しいでしょうか？

このようなリクエストの仕方をすると、「難しいことは理解している前提でお願いしている」ニュアンスに。相手への配慮という点では、非常に効果的な言い方です。

We are ready to accept your offer. However, there's one condition.

お申し出をお受けしたいです。しかしながら、一つ条件が
あります。

マサ | **I would hate to ask about this, but isn't there any possibility of a discount?**

このようなことを聞くのは心苦しいのですが、ディスカウントの可能性
というのはないでしょうか?

客人 | Well, yes, **we are ready to accept your offer. However, there's one condition.**

ええ、はい、お申し出をお受けしたいです。しかしながら、一つ条件
があります。

マサ | **Yes?**

なんでしょうか?

客人 | **We're willing to offer a 10% discount, under the condition that the contract period be extended by one more year.**

10%のディスカウントをする用意がありますが、もう1年の契約の延長
を条件にさせていただければと思います。

交渉時には、条件を明示することが大切なんだね

　ディスカウントをする代わりに、このようなことも受けてほしいという交渉時の表現です。

　商談や交渉時に駆け引きはつきものです。そのようなときに使える表現をいくつか覚えておくといいですね。大事なのは、条件があることを明示することです。

これもOK!

We'd love to accept your offer. But still, there's one request.

お申し出をお受けしたいです。しかしながら、一つリクエストがあります。

would love to は、積極的に何かを検討したいということを示す際に使える表現です。また、この表現を前置きとして使い、後ろに but などの接続詞を置いて、条件などについて切り出すといいでしょう。

これはNG!

Sounds okay, but please accept one condition.

大丈夫ですが、一つ条件を受け入れてください。

交渉時は譲歩も必要です。この言い方はやや押しが強く感じられるので、あまり適さないでしょう。

プラスワン!

We will consider your offer very positively. However, you may preferably understand one condition.

お申し出を積極的に検討させていただきます。しかしながら、一つ条件を理解していただくことが好ましいです。

フォーマルな表現です。 consider positively（積極的に検討する）という表現を使うことで、より前向きに検討していく姿勢を示す効果があります。

089

Would you please write your signature in the space provided?

指定の箇所に署名をお願いできますか？

マサ **So, have you got any other questions about this contract?**
それでは、本契約について他に何かご質問はありませんか？

客人 **All good. Thanks for your careful explanation.**
大丈夫です。丁寧に説明してくださりありがとうございました。

マサ **So would you please write your signature in the space provided, if everything looks okay?**
では、もしよろしければ、指定の箇所に署名をお願いできますか？

客人 **Sure.**
もちろん。

Would you please 〜？ は「丁寧な依頼」ではなく、話し手の強い要望を表すんだね

先方に契約書類などへの署名をお願いするときの表現です。

Would you please 〜？ という表現は、英会話表現集などでも登場することが多いため、お馴染みの表現の一つでしょう。実はこの表現は「丁寧な依頼」というより、強い要望を示すときに使います。

助動詞 will の過去形である would は、日本人英語学習者の多くにとっては、非常に感覚がつかみづらい助動詞の一つといわれていますが、相手に対する強い希望などを表現する際に使われます。

> in the space provided は定型表現で、「提供されたスペース＝指定の欄」という意味です。

これもOK! ✧

May I ask you to write your signature in the space provided?

指定の欄にご署名をいただきたくお願いいたします。

May I ask you to 〜？ という表現を使うことで、相手の許可を得るための表現になります。丁寧にお願いをしたい場合には、このような言い方をするといいでしょう。

プラスワン! ⁺

Would you mind writing your signature in the space provided?

指定の欄にご署名をいただいても差し支えないでしょうか？

mind という動詞を助動詞の would と一緒に使うことで、「〜していただいても差し支えありませんか？」というニュアンスになります。相手に対する配慮を示す効果が期待できるので、フォーマルな場で依頼する際などにぴったりの言い方です。

090

Please be kindly informed that the contract will expire in 2025.

2025年には契約終了となりますのでよろしくご理解ください。

マサ **Looks great. Many thanks for the signature, and this is your copy.**

大丈夫そうですね。ご署名いただきありがとうございます、こちらが御社控えです。

客人 **Thank you very much.**

ありがとうございます。

マサ **Please be kindly informed that the contract will expire in 2025.**

2025年には契約終了となりますのでよろしくご理解ください。

客人 **Yes, I totally understand.**

はい、承知いたしました。

フォーマルな告知のしかたを覚えよう!

フォーマルなアナウンスをする際に使う表現です。

動詞の inform は、「情報を与える」という意味。これをbe動詞＋過去分詞の受動態として用いたのが、ダイアログの表現 please be informed です。

そのまま訳してしまうと「情報を与えられてください」となり、少々意味合いが取りづらくなりますが、このままの形で「〜ということをご理解ください」と覚えてください。また、kindly（親切に、よろしく）という副詞を用いることで、ワンランク上のビジネス英会話になります。

Please kindly note that the contract will expire in 2025.

2025 年には契約終了となりますのでご了承ください。

動詞の note は、「注意しておく、気に留める」という意味。能動態として please kindly note that 〜 という言い方をするのが一般的ですが、please be kindly noted 〜 と受動態の形をとる場合もあります。

Please remember the contract will expire in 2025.

2025 年には契約終了となりますので覚えていてください。

remember は、「覚えておく、思い出す」という意味の動詞。カジュアルな間柄ではこのようなやりとりが交わされることもありますが、客人を相手にしている場合にはこのような言い方は失礼に当たる場合もあるので避けましょう。

Please be reminded that the contract will expire in 2025.

2025 年には契約終了となりますのでご注意ください。

契約書を交わす場面でも使えますが、どちらかというと、契約終了間際にリマインドを兼ねて伝える言い方です。

091

You should have told us much earlier.

もっと早く言ってくれればよかったのに。

Tracy | **Masa, did you contact VR Technologies about making a contract to introduce a new VR system yet?**

マサ、新しいVRシステムの導入の契約についてVRテクノロジー社とはもう連絡をとってくれたかしら？

マサ | **Well, the thing is, Robert-san contacted me to tell me his company's internal system has some problems, so he needs a few more days before getting back to us.**

実はですね、ロバートさんが連絡をくださいまして、先方の会社の内部システムで問題があったみたいで、折り返すまで数日ほしいということでした。

Tracy | **Well, if so, you should have told us much earlier. OK, I understand.**

だったら、もっと早く言ってくれればよかったのに。ええ、わかったわ。

反省や後悔を表す表現を覚えよう

〈助動詞 should ＋ have ＋動詞の過去分詞形〉という形をとると、過去に起こったことに対して、「〜するべきだったのに（しなかった）」という表現になり、反省や後悔を表します。

「〜すべきだった」と聞くと、日本人英語学習者の発想では had to を使いがち。しかし had to は、「実際に〜しなければならなかった（ので、やった）」ということを表す際に使われます。

これはNG!

You had to tell us much earlier.
かなり早い時点で教えなければなりませんでした。

解説で述べたように、had toは have to の過去形で、「〜しなければならなかった」と訳されます。このことから、〈助動詞 should ＋ have ＋動詞の過去分詞形〉と似たような意味だと錯覚してしまいがちですが、had to を使うと、実際にやらなければならなかったことをやったという意味になります。

> should は実際には「やらなかった」、
> had to は実際には「やった」。
> 両者を混同しないように注意しましょう。

プラスワン!

It would not have even been a problem if you had told us much earlier.
もっと早く教えてくださったら問題にすらならなかったのに。

「実際には問題になってしまった」というニュアンスを含みます。相手の気持ちを尊重しつつ、必要に応じて反省を促す際には、このような使い方が効果的。大変フォーマルな言い方です。

092

It must have been quite challenging due to the budget limitations.

予算に限りがあってとても難しかったに違いありません。

カズ **Masa, did you look at the attachment yet?**

マサ、もう添付ファイルは確認した?

マサ **Oh yes, I did. And I noticed there are some minor changes to the plan.**

はい、確認しました。そしてプランに関して少々変更点がありましたね。

カズ **Why do you think they had to change them?**

どうして変更しなければならなかったと思う?

マサ **Well, it must have been quite challenging due to the budget limitations.**

そうですね、予算に限りがあってとても難しかったに違いありません。

相手の事情を察して 意見を言うときの表現を覚えよう

相手や他者の事情などを推察して、自分の意見を言う際の表現です。

〈must have 過去分詞形〉の形を使うことによって、「過去に起こった事実に対する推察」の意味を表すことができます。「理由ははっきりわからないけど、こういう事情があったのだろう」というような意見を述べるのに効果的です。

この言い方はあくまでも推量に過ぎません。とはいえ、何かしらの意見を求められたときや自分の意見を言う必要があった場合などは、このような言い方ができると効果的です。一方 It WAS quite challenging due to 〜 という言い方をしてしまうと、「実際に難しかった」という事実にもとづく意見の提示となります。注意しましょう。

The budget limitations must have been too difficult to overcome.

予算の限りがあったことで克服するのが難しかったのでしょうね。

〈must have 過去分詞形〉と組み合わせることで、「難しかった」ということを推量しているニュアンスがよく出ています。

> too…to 〜 構文は、中学校英語の教科書でもたびたび登場する表現で、「とても…なので〜できない」という意味になります。

It seemed quite challenging due to the budget limitations.

予算の限りがあってとても難しかったようです。

seem は「〜のようだ」と訳される動詞です。推量のようにも感じられますが、これは話し手の主観的な判断を示す表現です。相手の事情を推察するニュアンスは含まれないので、使い分けには注意しましょう。

093

May I confirm the agreement conditions for the payment?

お支払いに関する契約条件を確認させていただけますか？

マサ Robert-san. Thank you very much for getting back to us about the final version.

ロバートさん。確定版をお示しいただきありがとうございました。

客人 My pleasure. I hope you liked it.

どういたしまして。お役に立てたのであれば幸いです。

マサ Indeed. Well, **may I confirm the agreement conditions for the payment?**

とても。えー、お支払いに関する契約条件を確認させていただけますか？

客人 Sure thing.

ええ、もちろん。

フォーマルな場面での「確認する」は、動詞の confirm がぴったり!

相手の許可を求める際の定番表現、May I 〜? を使った、支払いに関する情報などを確認するときのフレーズです。

「確認する」は make sure という表現がお馴染みですが、ダイアログのようなしっかりチェックをするという場面では、confirm(確認する、確定する)という動詞を使うとフォーマルなニュアンスになります。

May I 〜? の代わりに let us〜 を使い、Let us confirm the agreement conditions for the payment.(お支払いに関する契約条件を確認させてください)と言うと、やや押しの強い響きになってしまいます。言い方によっては、内容に対して懐疑的であることをほのめかしているようなニュアンスになってしまうので注意しましょう。

これもOK!

We'd like to confirm the agreement conditions for the payment.

お支払いに関する契約条件を確認させてください。

相手の気持ちに配慮しながら確認を進める際には、would like to という表現を使っても効果的です。

> 主語に We を用いることで、「組織として」というニュアンスが強調されます。

プラスワン!

Can we go over the text to confirm the agreement conditions?

契約条件を一つずつ読みながら確認させてもらえますか?

確認のために「読む」というときはreadではなく、go over the text という表現を使います。日本語の「一読する」に近いニュアンスなので、契約文書を読みながら確認したい場面に適した表現です。

094

We are willing to offer a 10% discount while covering the shipping costs.

10%のディスカウントをいたします。さらに輸送費はこちら負担です。

マサ	**Thank you very much for preparing this estimate.**

お見積もりを用意していただきありがとうございます。

客人	**Oh, don't mention it. Also, we are willing to offer a 10% discount while covering the shipping costs.**

いえ、どういたしまして。10%のディスカウントをいたします。さらに輸送費はこちら負担です。

マサ	**That would be very helpful. I'll talk to Tracy-san about this first.**

それは大変助かります。まずはトレイシーと話してみます。

譲歩を示す表現を覚えよう!

　be willing to という表現は、受験英語にもよく出てくる表現です。一般的には「喜んで〜する」と訳され、ポジティブな意図をもった表現と思われています。この be willing to は、実は「〜する用意がある」や「〜することを厭わない」といったニュアンスももつ表現で、ダイアログのように、譲歩していることを示す際に使うと効果的です。

　ダイアログでは、今回契約をしてくれた特典のような形で、「10%のディスカウント」と「輸送費の負担」を申し出ていますが、これは、「必要に応じてこのようにする」というニュアンスで、既にそうすると決まっている確定事項ではないので注意が必要です。

これもOK!

We would be happy to offer a 10% discount while covering the shipping costs.

10%のディスカウントをいたします。さらに輸送費はこちら負担です。

「喜んで〜する」ということを伝えたい場合には、このような表現も効果的です。助動詞の would を使うことで、「必要に応じて」というニュアンスも加わります。

> happy の代わりに、pleased を用いても、ほぼ同じ意味を伝えることができます。

プラスワン!

A 10% discount while covering the shipping costs will also be included in our plan.

10%のディスカウントとさらに輸送費の負担が我々のプランに含まれます。

受動態の表現を使うことで、10%のディスカウントと輸送費の負担が契約内容に含まれるということを客観的に伝える効果が期待できます。

095

Could you help me prepare the contract written in Japanese as well?

日本語での契約書もご準備いただけますか?

マサ | **Robert-san, thank you very much for preparing the necessary documents.**
ロバートさん、必要書類をご準備いただきありがとうございます。

客人 | **My pleasure. Is there anything else you'd like us to do?**
よろこんで。その他に何かしてほしいことはありますか?

マサ | **If possible, could you help me prepare the contract written in Japanese as well?**
可能であれば、日本語での契約書もご準備いただけますか?

客人 | **Sure, the Japanese version will be ready in a couple of days.**
もちろん、日本語バージョンも2〜3日で準備できると思います。

何かをお願いするときの言い方を覚えよう!

　契約書を交わすときに、日本語バージョンの契約書をお願いする際のフレーズです。

　誰かに何かをお願いする場合には、〈 help me 動詞 〉という形を使うと効果的です。教科書などではあまり見かけない形のように思われるかもしれませんが、実は一般的な使い方です。

　そもそも、help という動詞には「楽をさせる」というニュアンスが含まれています。そのため、「私の代わりに何かをやってくれますか？」という言い方として使われるのです。

　注意したいのが、help ではなく please を使った言い方で頼んでしまうこと。たとえば、Please prepare the contract written in Japanese as well?（日本語での契約書もご準備ください）などのようなダイレクトな言い方をしてしまうと、「やってもらって当然」というニュアンスとして相手に伝わってしまうことがあります。契約書の準備などは、時間も手間もかかる作業です。相手への配慮を感じさせる言い方が望ましいでしょう。

これもOK!

Would you mind preparing the contract written in Japanese as well?

日本語での契約書もご準備いただけますでしょうか？

Would you mind ～ ing ? の形を使った表現。「～をしていただくのは差し障りがありますか？」という意味になることから、相手へ丁寧に依頼する場合に使いやすい表現です。

プラスワン!

Is it possible for you to prepare the contract written in Japanese as well?

日本語での契約書もご準備いただけますか？

フォーマルな表現になります。仮主語の it を主語に使って発言をすることにより、より客観的、冷静に依頼をしているニュアンスが伝わります。

Chapter 5 | **Let's Review**

◁》
100

Chapter 5 のフレーズを振り返ってみましょう。

☑ **What does your availability look like for the next couple of days?**

この2〜3日のご予定はどのような感じでしょうか?

➡ 081 p.202

☑ **Could our meeting this afternoon occur a bit earlier?**

今日の午後のミーティングを少し早めていただけませんか?

➡ 082 p.204

☑ **We would appreciate it if you could consider our new proposal.**

私たちの新しい提案をご検討いただければ幸いです。

➡ 083 p.206

☑ **Why don't you prepare a rough estimate for us?**

大体の見積もりを用意しておいてくれないかな?

➡ 084 p.208

☑ **Let us briefly talk about the cost-benefit aspects of this business plan.**

このビジネスプランの費用対効果の側面について手短にお話しします。

➡ 085 p.210

☑ **If I were the client, I would have to decline the offer.**

私がクライアントの立場なら、このオファーは断らないといけないでしょう。

➡ 086 p.212

☑ **Is there any possibility for a deadline extension?**

締め切りを延ばしていただける可能性はありますか?

➡ 087 p.214

☑ **We are ready to accept your offer. However, there's one condition.**

お申し出をお受けしたいです。しかしながら、一つ条件があります。

➡ 088 p.216

> 交渉時に駆け引きはつきもの。条件が
> あることをさらっと伝えましょう。

☑ **Would you please write your signature in the space provided?**

指定の箇所に署名をお願いできますか?

➡ 089 p.218

☑ **Please be kindly informed that the contract will expire in 2025.**

2025年には契約終了となりますのでよろしくご理解ください。

➡ 090 p.220

☑ You should have told us much earlier.

もっと早く言ってくれればよかったのに。

➡ **091** p.222

☑ It must have been quite challenging due to the budget limitations.

予算に限りがあってとても難しかったに違いありません。

➡ **092** p.224

☑ May I confirm the agreement conditions for the payment?

お支払いに関する契約条件を確認させていただけますか?

➡ **093** p.226

☑ We are willing to offer a 10% discount while covering the shipping costs.

10%のディスカウントをいたします。さらに輸送費はこちら負担です。

➡ **094** p.228

☑ Could you help me prepare the contract written in Japanese as well?

日本語での契約書もご準備いただけますか?

➡ **095** p.230

> 何かをお願いするときは 〈 help me 動詞 〉
> の言い方が効果的!

付録

英文メール

マサ、最後にメールの書き方も
おさえておこう!

ミーティングの申し込み、道案内、
訪問のお礼などですね。

096

Is it possible for us to have a meeting on Wednesday afternoon?

水曜日の午後にミーティングをもつことは可能でしょうか?

〈出張時のミーティングを申し込む〉

Dear Tracy Yen and Masayuki Yamagata,

Hi. I am writing to you today to make an appointment to have a meeting. We will have a chance to visit Tokyo in the following week. **Is it possible for us to have a meeting on Wednesday afternoon?** Looking forward to hearing from you soon.

Yours sincerely,

Robert Rodgers

トレイシー・イェン様、山縣雅之様

こんにちは。今日はミーティングのアポを取らせていただきたくメールしています。来週、東京に出張の予定があります。水曜日の午後にミーティングをもつことは可能でしょうか? お返事お待ちしております。

敬具

ロバート・ロジャーズ

メールで会議の日程を提案するときは、丁寧に伝えよう

　ミーティングのアポは、メールでのやりとりの中で申し込むことも多いですね。メールを活用する背景としては、文字情報として確実に記録が残るからという点があげられます。

　メールで予定を調整する際は、できるだけ相手に失礼のないような文面を送りたいもの。その際に役立つのがダイアログに登場する Is it possible to ～ ？という言い方です。

　反対に、Is Friday afternoon okay for a meeting?（金曜日の午後はミーティングOKでしょうか？）のような聞き方は、避けた方が無難。この言い方は、すでにミーティングの日時が決まっていて、リマインダーとして同僚同士などで使われることが多いからです。お客様へ提案するような状況には不適切です。

これもOK!

How does it sound to you if I suggest a meeting on Wednesday afternoon?

水曜日の午後にミーティングをご提案させていただくのはどうでしょうか？

How does it sound ～ if ～（もし～したら、どうでしょうか？）というのは、丁寧な提案の表現です。また、suggest という表現を使うことにより、相手の意見をうかがっている姿勢も表せます。

プラスワン!

I wonder if you're available for a brief meeting on Wednesday afternoon.

水曜日の午後に簡単にミーティングをもたせてもらうのはいかがでしょう。

丁寧な表現の定番、I wonder if ～（もし～だとしたら、いかがでしょうか）を使った聞き方です。

> a brief meeting は、「簡単なミーティング」という意味。顔合わせなどを目的とした短い打ち合わせなどを表します。

237

097

We'll pick you up at the front gate.

正面玄関までお迎えにあがります。

〈来客に待ち合わせの場所を伝える〉

Dear Robert Rodgers,

Many thanks for your email. It would be brilliant if you could come over to our office for a meeting on Wednesday afternoon. **We'll pick you up at the front gate** at 12:45 if it sounds convenient for you.

Sincerely yours,

Masayuki Yamagata

ロバート・ロジャーズ様

メールありがとうございます。水曜日の午後に弊社にお越しいただきミーティングを持たせていただけたらと思います。ご都合よろしければ12時45分に正面玄関までお迎えにあがります。

敬具

山縣雅之

「お迎えにあがる」はカタカナ英語でお馴染みの pick up（ピックアップ）を使うといいね

pick up（ピックアップ）という言葉はよく日本語でもカタカナ語として登場する表現ですが、「お迎えにあがる」というようなニュアンスとしても使える言葉です。来客を迎えに行く場合は、「時間」と「場所」の指定を忘れないようにしましょう。

待ち合わせの時間や場所を指定しないまま、たとえば、Looking forward to seeing you then.（そこでお会いできるのを楽しみにしています）などの言葉で締めるのは、少し残念な印象が残ってしまいます。ご足労いただく相手には、最大限の気遣いをすることが大切です。

これもOK!

Can I perhaps suggest meeting up at the front gate at 12:45?

12時45分に正面玄関でお待ち合わせでよろしいでしょうか？

suggest 〜 ing という表現は、相手の意見を尋ねたり、相手の感触を確かめたりする表現として効果的です。

meet up という表現は、「待ち合わせをする」という意味です。

プラスワン!

Please let us pick you up at the front gate at 12:45.

12時45分に正面玄関までお迎えにうかがわせてください。

「時間」と「場所」をこちらから指定したい場合は、このような言い方をすると効果的。相手に時間と場所を伝える一方、let us という表現を使うことで相手の許可を求めるようなニュアンスになります。

098

Five minutes' walk will take you to the destination.

歩いて5分で目的地に着きます。

〈来客に本社付近の地図を送る〉

Dear Robert-san,

Hi. I'm contacting you on behalf of Tracy-san today. I understand that we are going to meet up at the front gate at 12:45. Attached is the map of the surrounding area. Also, please be informed that **five minutes' walk** from the station **will take you to the destination.**

All the best,

Masa

ロバートさん

こんにちは。トレイシーさんの代わりにメールを差し上げております。12時45分に正面玄関でお待ち合わせすることで承知しています。添付で近くの地図を送ります。併せて、駅から歩いて5分で目的地に着くことをお知らせいたします。

よろしくお願いいたします。

マサ

目的地までの時間や距離感は、さりげなく伝えると好印象に!

　待ち合わせ場所などを指定する場合、オンラインの地図アプリなどをメールで送るというのも一般的になりつつあります。このリンクさえあれば、外にいても地図をチェックすることができるので、とても便利ですね。

　初めて行くところでは、地の利がなく、時間感覚や距離感覚がつかみづらいこともあります。マップなどを添付で送る際には、最寄り駅からどのぐらいの距離なのかを伝えておくと好感度がアップします。

これもOK!

You can reach our headquarters within five minutes' walk of the station.

駅から5分以内で弊社本社ビルに到着することができます。

reach という動詞は、「～に到着する」という意味。最寄り駅から目的地までの大体の距離を説明するときなどに非常に使いやすく、役立つ表現です。

これはNG!

Our headquarters is located very close to the station.

弊社本社ビルは駅のとても近くに位置しています。

単に駅から近いことを示すのであれば、特に問題ない表現です。しかし、初めて来るところで土地勘がない相手に説明する場合には、個人の時間感覚にもとづく表現は避け、5分、10分などの具体的な時間を示す方が親切でしょう。

プラスワン!

You'll get to the headquarters if you walk for about five minutes from the station.

駅から5分ほど歩くと本社ビルに着くでしょう。

メールよりも、口頭で距離情報などを伝えたい場合に役に立つ表現です。また、ランドマークになるような表現も併せて示してあげると、より親切ですね。
Our headquarters is located next to the municipal hall.
弊社本社ビルは市役所の隣に位置しています。

099

Would you prefer meeting in person or online?

直接お会いするのとオンラインと、どちらがよろしいでしょうか？

〈会議は対面とオンラインのどちらがよいか尋ねる〉

Dear Robert-san,

Thank you very much for your time on Monday afternoon. Now, the situation is gradually improving, and our company's regulations finally allow us to do both online and offline meetings. **Would you prefer meeting in person or online?**

All the best,

Masa

ロバートさん

月曜日の午後にお時間をいただきありがとうございました。現在、状況が徐々に改善しつつあり、弊社規程でオンラインでもオフラインでも会議をしてよいということにようやくなりました。直接お会いするのとオンラインと、どちらがよろしいでしょうか？

よろしくお願いいたします。

マサ

選択肢を提示し、相手に判断を委ねる手もあるね

二者択一で提案をする際の表現によく使われるのが、prefer ～（～をより好む）という意味の動詞です。

これは「どちらがお好みでしょうか」と、手持ちの選択肢の判断を相手に委ねる場合に使われます。ダイアログのように、「オンライン」と「オフライン」での会議の選択など、相手の都合を考慮して判断を任せる場合に使うと、効果的な表現です。

これもOK! ✧

Would you rather have an online meeting than offline meeting?

オフラインでのミーティングよりオンラインでのミーティングの方がよろしいでしょうか？

would you rather do A than B? の表現は、どちらがいいか相手に判断を委ねる場合の定番表現。やや形式ばった表現で、二者択一形式で相手の意見を丁寧に聞く場合に効果的です。

これはNG! 〃

Do you want an offline meeting or an online meeting?

オフライン会議がいいですか？　それともオンライン会議がいいですか？

二者択一での選択を相手に任せるというニュアンスはよく伝わりますが、このような言い方は直接的で、丁寧さに欠けます。 Do you ～？ より Would you ～？を使う方が、お客様への言葉遣いとしては丁寧です。

プラスワン! ＋

Which would you prefer, meeting online or face-to-face?

オンラインと対面のどちらがお好みでしょうか。

二者択一の選択肢でお伺いを立てる場合のフォーマルな言い方です。 Which would you prefer, A or B? という表現を使うことで、わかりやすく、かつ丁寧に相手の意見を聞いている印象に。

100

Many thanks to you for visiting us today.

本日はご足労いただきありがとうございました。

〈お見送りしたお客様にお礼のメールを送る〉

Dear Robert-san,

Many thanks to you for visiting us today. Your proposal was quite informative, and now we're eagerly thinking about introducing your product. Looking forward to working with you in the future.

All the best,

Masa

ロバートさん

本日はご足労いただきありがとうございました。ご提案いただいた情報はとても有益で、貴社製品の導入を前向きに検討しています。これから貴社とご一緒できますことを楽しみにしています。

よろしくお願いいたします。

マサ

メールでお礼を伝える際の定番表現を覚えよう!

　お礼のメールの定番表現です。

　会社に来ていただいたことを感謝する場合は、「訪問する」という意味の動詞の visit を用いることが一般的です。 for your visiting us とすることで、「あなたが弊社を訪問してくださったことに対して」という言い方になります。

これもOK!

Thank you so much for your paying a visit to our headquarters.

弊社本社ビルにお越しいただきありがとうございました。

フォーマルな言い方です。 pay a visit to 〜は「〜を訪問する」という表現ですが、visit よりもさらにフォーマルな訪問です。

これはNG!

Thanks for coming.

お越しいただきありがとうございます。

日本語の訳だけをみれば決して悪くなさそうですが、これはカジュアルな言い方。お客様の訪問を感謝する表現としては、やや不適切です。

プラスワン!

Hope you enjoy the rest of your stay in Japan.

日本の残りの滞在を楽しんでください。

訪問のお礼を述べるメールの最後を飾るひと言フレーズです。 rest は「休み」ではなく、「残り」という意味。 the rest of your stay で「残りの滞在日」を表します。

> メールにこのようなひと言が添えられると、コミュニケーションが円滑になること間違いなし!

101

How would it sound to you if I suggested a quick online meeting?

簡単にウェブ会議をするのはどうでしょうか?

〈ウェブ会議を申し込む〉

Dear Tracy-san,

Thank you very much for your feedback. We will take all your comments into consideration. Before moving on to the next step, there are a few things we want to confirm with you. **How would it sound to you if I suggested a quick online meeting?** What does your availability look like tomorrow afternoon?

All the best,

Masa

トレイシーさん

フィードバックをいただきありがとうございます。コメントを検討させていただきたいと思います。次のステップに進む前に、いくつか確認したい事項があります。簡単にウェブ会議をするのはどうでしょうか? 明日の午後のご都合いかがでしょうか?

よろしくお願いいたします。

マサ

仮定法は婉曲表現として使うのが肝なんだね

　丁寧な依頼のためによく使われる表現として、仮定法があげられます。文中の if I suggested a quick online meeting?（簡単にウェブ会議をするのを提案したら）という言い方は、過去の話ではなく、「もし～したとしたら（どうでしょうか）」という婉曲表現なのです。仮定法というととかく if から始まる文に学習の焦点が置かれる傾向がありますが、ビジネスでは婉曲表現としての使い方が肝になります。

これもOK!

Would it be possible for us to have a quick online meeting?
簡単にウェブ会議をすることは可能でしょうか？

Is it possible to ～? という表現の変化形です。文章を would から始めることで、より相手の都合をうかがっているという丁寧なニュアンスが強調されます。

これはNG!

How about a quick online meeting tomorrow afternoon?
明日の午後に簡単にウェブ会議をするのはいかがですか？

How about ～? は、相手の意見をうかがう際の表現としてすでに紹介しました。この言い方でも決して悪くはないですが、「アポを取る」「予定をうかがう」という文脈の中では、ダイアログのような丁寧な言い方を心がけたいものです。

プラスワン!

I was wondering if you could be available for a quick online meeting tomorrow afternoon.
明日の午後に簡単にウェブ会議を持たせていただくことは可能でしょうか。

I wonder if の形の変化形です。 was wondering と過去進行形の形をとることで、より丁寧に相手の都合を聞いているニュアンスになります。特に社外とのやり取りの場合には、このような表現を使うと効果的です。

102

I'd like to thank you so much for your time today.

本日はお時間をとっていただき誠にありがとうございました。

〈ミーティングのお礼のメールを送る〉

Dear Robert-san,

Hi. **I'd like to thank you so much for your time today.** I was really glad to have had such a meaningful discussion with regard to the introduction of your product. Looking forward to hearing from you soon.

All the best,

Masa

ロバートさん

こんにちは。本日はお時間をとっていただき誠にありがとうございました。貴社製品の導入に関してとても実り多いディスカッションができたのは本当に喜ばしいことでした。お返事をお待ちしております。

よろしくお願いいたします。

マサ

丁寧な気持ちを表現するときは、
仮定法を使うと◎!

　感謝を表現する文脈の中でも、仮定法を使って丁寧な気持ちを表現することがあります。 I'd like to 〜 は、want to よりも丁寧な表現。ビジネスメールなどの中でもよく使われます。

これもOK!

I'd like to express my gratitude for your contributions.

貴社のご貢献に感謝申し上げます。

gratitude は「感謝」という意味の単語で、よく express my gratitude という形で使われます。「感謝の意を表します」という日本語の表現に相当するものと考えるとわかりやすいでしょう。

これはNG!

Thank you for your time today.

今日はお時間をとっていただきありがとうございます。

このような言い方が決して悪いわけではありません。相手に対する感謝の気持ちはちゃんと伝わります。しかし、社外からのお客さまに対する感謝のメールとしては、少しカジュアルすぎる印象があります。

プラスワン!

Your cooperation has been highly appreciated.

貴社のご協力に高く感謝いたします。

メールの冒頭で感謝を伝える表現としてよく用いられます。日本語のメールの冒頭によく登場する「お世話になっております」のニュアンスを含む英語表現と捉えるといいでしょう。ちなみに、日本語では「深く感謝する」という表現をしますが、英語は highly appreciate と言い、「深く」ではなく、「高く」という副詞を使うのが自然です。

103

I am delighted to tell you that your proposal has been accepted.

貴社の提案が承認されたことをお伝えできるのを喜ばしく思います。

〈嬉しいお知らせを伝える〉

Dear Robert-san,

Hi. **I am delighted to tell you that your proposal has been accepted.** Thank you very much for the wonderful insight into introducing a VR system in our company. Please find attached for the final proof.

All the best,

Masa

ロバートさん

こんにちは。貴社の提案が承認されたことをお伝えできるのを喜ばしく思います。弊社にVR設備を導入するということに関して貴社からは素晴らしい意見をいただきました。最終確認については添付ファイルをご覧ください。

よろしくお願いいたします。

マサ

よい知らせを伝えるときの表現を覚えよう

　先方に何か喜ばしいことを伝える際の表現として、I'm delighted to tell you that 〜 という切り出し方があります。反対にネガティブなことを伝えるときは I regret to tell you 〜 や、次のユニットで紹介する I'm reluctant to realize that 〜 を使います。

　たとえば、契約ができたというようなよい知らせをするときには、相手と一緒に喜ぶような気持ちで伝えると効果的です。

これも**OK!**

It is my honor to announce to you that your proposal has been accepted.

ご提案を受け入れることができて光栄です。

my honor は、そのまま訳せば、「私の名誉」です。「〜することができて光栄です」と伝える際に使われる定番のフレーズになります。

これは**NG!**

Let me announce that your proposal has been accepted.

ご提案を受け入れることができたということをお伝えします。

Let me 〜 は、相手に依頼をしたり、許可を求めたりする際の表現です。この言い方でも悪いわけではないのですが、先方にとって喜ばしいことを伝える言い方としては、ややそっけない印象になってしまいます。

プラスワン!

Such a great pleasure it is that your proposal has been accepted.

ご提案を受け入れることができ、喜ばしい限りです。

標準の英語では It is such a great pleasure that 〜 となりますが、such a great pleasure は、これを倒置した形となります。喜ばしいということを強調するのに、このような倒置の形がよく用いられます。

104

I am reluctant to realize that this draft has to be fundamentally revised.

残念ですがこの原案は抜本的に見直す必要がありそうです。

〈残念なお知らせを伝える〉

Dear Robert-san,

Hi. I regret to tell you that your proposal has been rejected. **I am reluctant to realize that this draft has to be fundamentally revised.** First of all, you need a …

Sincerely yours,

Masa

ロバートさん

こんにちは。申し訳ありませんが貴社の提案は受け入れられなかったということをお伝えしなければなりません。残念ですがこの原案は抜本的に見直す必要がありそうです。まず、必要なことは…

敬具

マサ

残念なお知らせを伝えるときは、気持ちに沿った形容詞を選ぼう!

　reluctant は「残念ながら〜する」という気持ちを伝える表現です。単語の意味を覚えるときに、日本語の「落胆」と言う単語と音的に結びつけて覚える場合が多いようです。

　相手の提案が受け入れられなかったことを伝えるのは、特に気を遣うものです。気持ちを上手に表す形容詞を使って伝えることがコツです。

これもOK!

We regrettably inform you that this draft has to be fundamentally revised.

残念ですが、この原案は抜本的に見直す必要があるということをお伝えします。

"regrettably"は、「残念ながら」という意味の副詞です。動詞の inform と一緒に使うことで、ネガティブな情報を知らせなければならない心苦しさが伝わります。

これはNG!

I'm sorry, this draft has to be fundamentally revised.

恐れ入りますが、この原案は抜本的に見直す必要がありそうです。

この表現を使っても悪いわけではありません。I'm sorry, 〜は日本語の「恐れ入りますが」「恐縮ですが」という表現に相当するものです。他方、このような使い方をすると、sorry が何に対しての気持ちなのかが受け取った相手に伝わりづらく、効果が薄くなってしまいます。

プラスワン!

We are truly sorry to tell you that this draft has to be fundamentally revised.

このようなことを申し上げて誠に恐縮ですが、この原案は抜本的に見直す必要がありそうです。

truly sorry は「がっかりする」という意味の表現で、reluctantと似たようなニュアンスをもっています。よりフォーマルな文脈で使われます。

105

I'm looking forward to working with you again.

またご一緒させていただけることを楽しみにしています。

〈契約が一区切りついた後にお礼のメールを送る〉

Dear Robert-san,

Many thanks to you for all the efforts you have made to realize our collaboration this time. I am really delighted that we successfully made a contract.
I'm looking forward to working with you again.

All the best,

Masa

ロバートさん

この度は連携を実現するため貴社にしていただいた努力に感謝申し上げます。契約に至ることができて本当に光栄です。
またご一緒させていただけることを楽しみにしています。

よろしくお願いいたします。

マサ

区切りがついた後のメールでは、
次に繋げるひと言を添えるといいね

looking forward to ～ という表現は何度も出てきましたが、ご存じのとおり、「楽しみにしている」ことを伝える表現です。

さらに、何かしらの区切りがついた段階で、これまでの相手の貢献に感謝し、そして今後も長く関係を続けていきましょう、といった気持ちを示す場合に用います。

これもOK! ✧

The day may come soon when we will work together again.

またご一緒できる日がすぐ来るでしょう。

「〜かもしれない」という弱い推量を示す may ですが、「〜してほしい」という祈願を示す際にも使われます。

これはNG! 💢

Let's work together again.

またご一緒しましょう。

この表現でも決して悪いというわけではありません。しかし表現が短くなると、どうしてもそっけない印象になってしまいます。仕事がひと段落ついたことを伝えるためには、ある程度の具体性も必要です。下記の「プラスワン!」の言い方も参考にしてください。

プラスワン! ⁺

We hope you enjoyed working with us this time, and let's do it again.

今回、ご一緒させていただいてエンジョイしてくださっていたら幸いです。またご一緒しましょう。

仕事を enjoy するというのは、日本語では少し不思議な感覚があるかもしれませんが、英語圏ではごく自然な捉え方です。契約まで至りひと段落したというシチュエーションでは、enjoy などの動詞を使い、これまでの仕事の総括を試みることも効果的です。

● 著者　佐藤洋一 (さとう よういち)

東京大学大学院総合文化研究科言語情報科学専攻博士課程修了。博士 (学術)。現在、東洋大学経営学部教授、東京大学教養学部非常勤講師、一般社団法人学術英語学会代表理事、国際ビジネスコミュニケーション学会理事。グローバル人材育成に必要な日本企業のビジネス英語研修カリキュラムの開発等に携わる。著書に『英語は20の動詞で伝わる』『「おとなの英語」言い方のコツ』(ともにかんき出版)、共著に『仕事で使える英語音読』『英語の数字と単位に強くなる！』(ともにコスモピア) などがある。

● staff

デザイン・DTP ／シーツ・デザイン
イラスト／田渕正敏
ナレーション／ジョン・マドレー、ニール・デマル、リンジー・ネルソン
録音／一般財団法人 英語教育協議会 (ELEC)
英文校正／スティーブン・スモーリー
日本語校正／清田寛人、夢の本棚社
編集協力／花澤靖子 (株式会社スリーシーズン)
編集担当／横山美穂 (ナツメ出版企画株式会社)

ナツメ社Webサイト
https://www.natsume.co.jp
書籍の最新情報 (正誤情報を含む) は
ナツメ社Webサイトをご覧ください。

本書に関するお問い合わせは、書名・発行日・該当ページを明記の上、下記のいずれかの方法にてお送りください。電話でのお問い合わせはお受けしておりません。
・ナツメ社 web サイトの問い合わせフォーム
　https://www.natsume.co.jp/contact
・FAX (03-3291-1305)
・郵送 (下記、ナツメ出版企画株式会社宛て)
なお、回答までに日にちをいただく場合があります。正誤のお問い合わせ以外の書籍内容に関する解説・個別の相談は行っておりません。あらかじめご了承ください。

最速で「できる1年目」になる　ビジネス英会話フレーズ

2023年8月4日　初版発行

著　者	佐藤洋一	©Sato Yoichi, 2023
発行者	田村正隆	

発行所　**株式会社ナツメ社**
　　　　東京都千代田区神田神保町1-52　ナツメ社ビル1F (〒101-0051)
　　　　電話 03 (3291) 1257 (代表)／FAX 03 (3291) 5761
　　　　振替00130-1-58661
制　作　**ナツメ出版企画株式会社**
　　　　東京都千代田区神田神保町1-52　ナツメ社ビル3F (〒101-0051)
　　　　電話 03 (3295) 3921 (代表)
印刷所　**ラン印刷社**

ISBN978-4-8163-7417-3　　　　　　　　　　　　　　Printed in Japan